Até que enfim é
segunda

Roxanne Emmerich

Até que enfim é segunda

SEXTANTE

Título original: *Thank God It's Monday*

Publicado originalmente pela FT Press, editora do grupo Pearson Education, Inc.

tradução: Teresa Carneiro

preparo de originais: Sheila Til

revisão: Ana Grillo e Milena Vargas

projeto gráfico e diagramação: Valéria Teixeira

capa: Retina 78

impressão e acabamento: Bartira Gráfica e Editora S/A

CIP-BRASIL. CATALOGAÇÃO-NA-FONTE
SINDICATO NACIONAL DOS EDITORES DE LIVROS, RJ

E46a Emmerich, Roxanne, 1959-
Até que enfim é segunda / Roxanne Emmerich [tradução de Teresa Carneiro]; Rio de Janeiro: Sextante, 2011.
144p.; 14x21 cm

Tradução de: Thank God it's monday
ISBN 978-85-7542-674-6

1. Motivação no trabalho. 2. Comportamento organizacional. 3. Eficiência organizacional. 4. Moral dos trabalhadores. 5. Satisfação do cliente. I. Título.

CDD 658.314
11-3218 CDU 658.310.42

GMT Editores Ltda.
Rua Voluntários da Pátria, 45 – Gr. 1.404 – Botafogo
22270-000 – Rio de Janeiro – RJ
Tel.: (21) 2538-4100 – Fax: (21) 2286-9244
E-mail: atendimento@esextante.com.br
www.sextante.com.br

A meus leitores que optaram por levar uma vida plena de realizações e tornar seu trabalho significativo para eles mesmos e para os outros. Vocês merecem tudo de melhor.

A meus filhos, que iluminam minha vida: que sua caminhada seja apaixonante e suas contribuições, expressivas.

Sumário

Introdução

Ah, é um livro sobre divertir-se no trabalho?
Não me diga!

Já ouvi todas as variações possíveis dessa frase. Muitas pessoas acham que ser feliz no trabalho significa circular pela empresa batendo papo e desenhando carinhas sorridentes. Estão muito enganadas.

Na verdade, divertir-se no trabalho é um mero efeito colateral da abordagem que defendo. O objetivo real é fazer com que a empresa cresça por aumentar a eficiência dos funcionários e fortalecer a ligação com os clientes. Isso pode acontecer quando existe motivação no ambiente de trabalho, o que significa que as pessoas precisam gostar de estar ali, sejam elas funcionárias ou clientes.

Trata-se de uma abordagem que vem sendo testada e aprovada há muitos anos, por empresas que têm alcançado resultados concretos e impressionantes. Trabalhando como consultora, já tive o privilégio de participar de grandes transformações em centenas de empresas. Não é incomum que se alcancem mudanças expressivas no crescimento e nos lucros em um prazo de apenas seis meses. Muitas empresas dobraram seus lucros e seu tamanho em três anos. Estamos falando de um processo que não apenas funciona, como também pode ser reproduzido. Meu trabalho é este: ajudar as empresas a atingir esses resultados.

Apesar de os nomes dos personagens terem sido alterados para proteger suas identidades, todas as histórias apresentadas neste livro são reais. É provável que você identifique nelas algumas características (boas ou ruins) das pessoas da sua equipe. É por isso que as histórias funcionam melhor do que diagramas e gráficos, porque o segredo são as pessoas: você, sua equipe e todos com que vocês têm contato diariamente.

O mais empolgante de tudo isso é que as mudanças positivas e mensuráveis podem começar logo no primeiro dia. Só não se esqueça de que, à medida que introduzir novos padrões e perspectivas, será preciso manter um acompanhamento cuidadoso. Mas a melhor maneira de entender o que eu digo é prosseguindo na leitura deste livro.

Roxanne Emmerich

Parte I

Um problema... ou uma oportunidade

Capítulo 1

"Até que enfim é segunda!"

Trabalho e lazer são palavras usadas para descrever a mesma coisa em circunstâncias diferentes.
– Mark Twain

Quem quer que já tenha viajado de carro com a família já passou por aquele momento (ou pelo menos ouviu falar dele) em que a mãe ou o pai têm que virar para trás e dizer: "Se continuarem assim, vamos voltar para casa."

Bem, seria má ideia? Para começar, está chovendo tanto que os limpadores de para-brisa não conseguem garantir que o pai, que está dirigindo, enxergue a estrada. Ele mal dormiu na noite anterior, porque passou horas tomando café enquanto planejava o roteiro do dia seguinte. A mãe já está começando a se perguntar se trancou a porta dos fundos, programou o pagamento de todas as contas que chegariam enquanto estivessem fora e desligou o gás. Vocês fizeram uma parada 20 minutos atrás, mas agora alguém quer ir ao banheiro. E está abafado demais dentro do carro, apesar de o ar-condicionado estar ligado. O clima está cada vez mais tenso. Um diz que é mais rápido seguir pela rodovia, outro quer pegar uma estrada secundária e parar em um ponto turístico, um terceiro só resmunga o tempo todo, dizendo que preferia ter ficado em casa.

Agora imagine que isso não é uma família viajando nas férias, mas uma empresa em suas atividades diárias, tentando se manter viva em um mercado competitivo.

De certa forma, toda empresa se parece muito com uma família. Hoje é comum se falar em famílias disfuncionais (sem as quais muitos seriados de TV não existiriam) e famílias funcionais, um ideal que às vezes parece inatingível. **É provável que você já tenha entrado em um banco, um restaurante ou uma loja de departamentos e de imediato tenha pensado que as coisas ali simplesmente não funcionavam.** Os funcionários não se entendiam e despejavam nos clientes toda a carga negativa possível. Mesmo depois de ir embora, você continuava sentindo aquele peso, como se ele tivesse sido embalado para viagem.

No entanto, se você parar para pensar, verá que já esteve em empresas em que as pessoas pareciam apreciar de verdade a presença umas das outras. Estavam felizes, o que ficava patente na qualidade de seu trabalho e na energia que era transmitida aos clientes.

Acredite, existem lugares que deixam os funcionários tão empolgados que eles acordam pensando: "Até que enfim é segunda!" Estão ansiosos por voltar ao trabalho.

Você, sem dúvida, gostaria de ter um local de trabalho assim. Mais do que isso, na verdade: é desse tipo de ambiente que você precisa para que sua empresa seja bem-sucedida e você, como pessoa, possa alimentar seu espírito e reabastecer suas energias. É disso que você necessita para viver com prazer em vez de apenas sobreviver.

Se você é como a maioria das pessoas, pode dizer honestamente que nunca trabalhou em um ambiente motivador. Aliás, talvez ache que isso nem seja possível e diga "ah, tá legal" diante da mera possibilidade de que alguém pense: "Até que enfim é segunda!" Ou quem sabe esteja planejando pedir demissão, porque seu local de trabalho é disfuncional. É provável até que tenha saído do último emprego pelo mesmo motivo. E o que aconteceu? Trocou seis por meia dúzia?

Se você é executivo de uma empresa, já deve estar a par das

diversas pesquisas que relacionam o ambiente de trabalho aos resultados no faturamento. Um estudo da Gallup mostra que, em uma empresa média, para cada 10 mil dólares gastos em folha de pagamento, 3.400 dólares são desperdiçados em perda de produtividade por funcionários descomprometidos com o trabalho. Essa é uma despesa que empresa alguma quer bancar.

Se você é gerente, sabe quanto tempo é gasto lidando com o que lhe parecem ser comportamentos disfuncionais ou pessoas "problemáticas".

Se você trabalha em qualquer cargo em uma empresa, sabe quanto de sua energia é sugada por quem não se dedica, quem fica fazendo drama e inventando desculpas que você precisa engolir porque não tem outra opção. Também sabe quanto isso o estressa, afeta sua saúde e faz com que você se feche na tentativa de se proteger.

O que fazer? Primeiro, se você está pensando: "Será que ambientes de trabalho do tipo 'Até que enfim é segunda!' realmente existem?" Sim, existem. Com toda a certeza. E antes de se tornarem lugares ótimos, eram, na maioria, horríveis.

E se você está pensando: "Tudo bem, eles existem em *algum lugar*, mas será que conseguiríamos fazer o mesmo com nossa empresa? Nossos problemas são enormes. Temos muita coisa a melhorar. Se há um lugar em que essa meta nunca será atingida, é aqui." Bem, você não é o único. Na verdade, a maioria das pessoas age assim no começo. Mas você pode dar uma reviravolta, passar a amar seu trabalho e obter resultados impressionantes nele.

Vamos contar os casos de algumas empresas para ver como isso é possível. A mensagem aqui é importante para todos na empresa, do presidente à recepcionista.

CAINDO NA REAL

Você já deve ter percebido que nenhuma empresa ganhou vida nova porque, um belo dia, um executivo chegou e disse aos funcionários: "Divirtam-se!"

Não é essa estratégia que estou defendendo (embora saiba de mais de uma pessoa que já tentou usá-la). O que quero que você vivencie e descubra é uma forma de revolucionar seu local de trabalho, fazendo dele um ambiente agradável para todos, ideal para obter resultados excelentes, celebrar o sucesso e fortalecer pensamentos e habilidades que permitam que as pessoas cresçam e ajudem os outros a crescer. Você e seus clientes perceberão uma enorme diferença. E a empresa e os lucros crescerão em decorrência disso.

Não é tão simples quanto dar uma ordem ou brandir uma varinha mágica. Mas é possível e já foi feito por muitas empresas. E pode mudar não apenas o seu ambiente de trabalho, mas toda a sua vida.

CAPÍTULO 2

BONS LUGARES PARA TRABALHAR REALMENTE EXISTEM

Uma vida boa, a meu ver, é uma vida feliz.
Isso não significa que você será feliz se for bom,
mas que será bom se for feliz.
– Bertrand Russell

Sara Green tem 32 anos e é mãe de dois filhos. Ela está dirigindo por uma estrada em Austin, no Texas, quando "Pou!", uma pedra cai do caminhão à sua frente e atinge seu para-brisa, provocando uma rachadura que parece uma teia de aranha gigante. Sara não tem a quem recorrer e não pode perder tempo. Tinha tirado o dia de folga para providenciar os últimos preparativos de uma viagem e precisa buscar Bryce no treino de futebol e Alice na aula de piano.

Ela volta para casa para procurar uma oficina nas Páginas Amarelas. Depois entra na internet para ler depoimentos de clientes. Alguns são assustadores. Uma mulher descrevia certa loja de conserto de vidros de carros como um depósito de lixo vigiado por um pit bull. Dizia que tinha ficado sentada no carro, com medo de sair e, por fim, ido embora.

Então, à beira de um ataque de nervos e já pensando que aquela brincadeira iria lhe custar no mínimo 600 dólares (mais, se fosse a uma oficina autorizada), Sara liga para sua amiga Mariah, que lhe diz para incluir a Longhorn Glass em sua busca.

Ela volta para a internet e todos os comentários, *todos*, são positivos, bons demais para serem verdade. Sara liga para a Longhorn Glass e é atendida por uma voz simpática, logo recebe um orçamento e o preço é ótimo, menos de 25% do que esperava pagar. Entra correndo no carro avariado e parte para lá.

A loja é pequena e a vizinhança não é das mais bonitas, mas há uma fila de carros na porta. Ela hesita, mas acaba entrando na fila também.

Do lado de dentro, nada é luxuoso. Ainda assim, a primeira impressão é muito boa, algo tão positivo e impressionante que é quase palpável. Bem como nos depoimentos que leu. Sara é recebida por uma mulher que lhe diz, com um sorriso sincero e compreensivo: "Foi você que telefonou agora há pouco, não foi?" Ela pega as chaves de Sara e avisa que o conserto estará pronto em 45 minutos. Sara se senta e olha em volta enquanto espera. Há cartazes sobre trabalho em equipe, atitude e determinação. Um deles diz: "Queremos que você chegue sorrindo e saia sorrindo também." O maior de todos, que cobre quase toda a parede atrás do balcão, diz: "Nossa missão na Longhorn Glass é nos superarmos em obter e manter nossos clientes, atendendo a suas necessidades individuais com honestidade, cortesia e compromisso com sua satisfação."

Bem, todo mundo já viu cartazes como esse. Eles são lugar-comum hoje em dia e tendem a gerar mais suspeitas do que confiança ou satisfação dos clientes.

Agora vem a parte mais surpreendente. No curto tempo em que Sara fica ali, percebe que a missão não fica só em cartazes, mas é de fato posta em prática. Todas as pessoas, todas mesmo, parecem gostar de trabalhar umas com as outras. As conversas entre elas e com Sara são amistosas e demonstram um interesse verdadeiro. O faxineiro sorri e brinca enquanto retira o lixo e varre o chão, mantendo o local o mais limpo possível. O mecânico vem perguntar onde ela prefere que os adesivos sejam colados. Quando Sara se despede, todos fazem questão de dizer que tiveram muita satisfação em conhecê-la. Ela dá uma olhada no calendário ao sair e percebe: caramba, não é que ainda é segunda-feira?

Incrível? Mas possível. Pela primeira vez, Sara pensa: "Por que o lugar em que eu trabalho não pode ser assim?"

Sara começa a imaginar que, se uma loja de conserto de para-brisas que fica em uma área pouco valorizada da cidade pode ter um ambiente tão bom, então quem sabe o trabalho dela também não poderia? Talvez ela pudesse fazer algo para que isso acontecesse. Se seus clientes se sentissem da mesma forma que ela se sentia na Longhorn Glass, os lucros de sua empresa poderiam aumentar. E ter sucesso é sempre melhor.

Com os olhos bem abertos para essa possibilidade, Sara Green passou a observar empresas, anotando em quais as pessoas demonstravam prazer no trabalho e em quais não. Quando havia prazer, também parecia haver mais sucesso.

No dia seguinte, indo para uma visita de rotina à sede da empresa, ela deixou seu carro no estacionamento do aeroporto e se encaminhou para o balcão da Southwest Airlines. Do outro lado dos balcões de check-in, um grupo tocava música country em um restaurante. O som era contagiante e o aroma do autêntico churrasco do Texas a deixou com água na boca. Estava perto da hora do almoço, ela havia chegado cedo para o voo e não estava levando nada que pudesse atrasar sua passagem pela segurança, então... Aquele aeroporto sempre lhe parecia bem mais agradável do que todos os outros por onde passava – e eram muitos. Ele fazia com que ela se sentisse mais animada em relação à viagem.

Quando os passageiros se acomodaram em seus assentos, um dos comissários de bordo anunciou:

– Vamos reduzir as luzes na cabine. Acima de seus assentos há um botão que liga a luz de leitura. No entanto, o botão que indica "comissário de bordo" não nos deixa mais ligados.

Então veio a voz do piloto:

– A temperatura no nosso destino é de 22ºC, com algumas nuvens cinza, mas vamos tentar clareá-las até chegarmos. Agradecemos por voar conosco e lembramos: a Southwest Airlines ama você e seu dinheiro mais do que qualquer um.

Depois foi a vez de outro comissário de bordo:

– Os assentos de suas poltronas são flutuantes e, na hipótese improvável de uma aterrissagem de emergência na água, nadem até terra firme e levem os assentos de brinde.

O clima no voo refletia a vontade inabalável de que todos se divertissem um pouco. As pessoas se levantavam de seus lugares para puxar conversa com outras. Parecia uma festa no céu.

Sara não pôde deixar de pensar na diferença entre aquela companhia e outras com as quais já havia voado, testemunhando funcionários brigando uns com os outros, olhando atravessado para os passageiros ou cumprindo suas tarefas de forma desmotivada e mecânica. Não era difícil imaginar em qual companhia aérea ela preferiria trabalhar e viajar.

E a Southwest não estava sozinha. Sara tinha ouvido falar que a Virgin Airlines também era assim. Sir Richard Branson, fundador do grupo Virgin, tinha dito: "Temos mais experiência do que nosso nome sugere." Ela já lera várias matérias a respeito da determinação de Branson em "chegar lá" (onde quer que "lá" fosse) sem se esquecer de fazer isso com prazer. Ele afirmava que, sem o fator "diversão", haveria pouca ou nenhuma chance de sucesso em qualquer empreendimento.

Sara havia chegado com um dia de antecedência para sua reunião, então decidiu aproveitar o tempo saindo para um passeio. Acabou entrando em um shopping. Era um dos maiores que já vira, mas ela não queria fazer compras, apenas dar uma volta e olhar as vitrines. Vinha fazendo uma lista de lugares legais de se trabalhar e lugares onde só havia desmotivação. Até aquele momento, estes últimos estavam vencendo. Mas a esperança é a última que morre. Então, logo Sara havia percorrido cerca de 50 lojas.

Não levou muito tempo para notar que parecia haver um roteiro implícito a ser seguido em todas as lojas. Ela entrava e um vendedor dizia "Posso ajudá-la?", ao que ela respondia "Obrigada, estou só dando uma olhada". Aparentemente aliviado diante da resposta previsível de Sara, o vendedor recuava, preparando-se para o próximo cliente, o próximo diálogo previsível, e outro, e outro, até que, por fim, cada vendedor iria para sua casa, jantar, ver televisão, dormir, acordar...

Até que em uma loja a experiência foi diferente. Uma vendedora sorriu, demonstrando sincera satisfação por ela estar lá, e disse:

– Não se mexa.

Ela estacou, confusa. Será que tinham achado que ela era uma ladra? Mas a vendedora apenas chegou por trás dela com um suéter, dobrou-o sobre seus ombros e a conduziu com delicadeza até o espelho, dizendo:

– Veja como este suéter realça seus olhos! Os homens vão fazer fila atrás de você.

Então Sara fez a única pergunta cabível:

– Quanto custa?

Quando Sara saiu daquela loja, tinha comprado várias outras peças além do suéter, inclusive presentes para os filhos. O que fez toda a diferença não foi uma fala ensaiada para fisgar clientes, mas o entusiasmo verdadeiro de uma pessoa que fazia mais do que cumprir suas funções no piloto automático. Com certeza ali estava alguém que ia feliz para o trabalho todos os dias, querendo interagir com os outros.

A maioria das pessoas passa a vida cumprindo rotinas, sem questioná-las ou imaginar como seria ótimo se pudessem mudar o foco e fazer a diferença, independentemente de sua profissão. Talvez você mesmo se sinta um pouco culpado por se conformar assim. Em algum momento já pode até ter notado que quase todo mundo à sua volta também se conforma com o que parece ser o comportamento-padrão, sem parar para pensar em como se destacar ou realizar algo significativo e transformador com seu trabalho.

Em todos os seus anos de compras de produtos ou uso de serviços, sem dúvida houve situações que poderiam ser classificadas como uma experiência boa, ruim ou péssima. Você encontrou um vendedor tão ocupado arrumando prateleiras que não deixou que você se aproximasse dos produtos ou se surpreendeu ao ser recebido com um sorriso sincero pelo caixa do banco. Então, você com certeza tem bases seguras para avaliar se seu ambiente de trabalho é bom ou não.

A questão é: existem lugares onde realmente é bom trabalhar e outros em que é de fato ruim. Como você quer que o seu seja? E o que você pode fazer para torná-lo um lugar "Até que enfim é segunda!"?

Experimente o seguinte:

- Preste atenção nos próximos 10 estabelecimentos em que entrar. Os funcionários parecem se entender? Eles estão felizes? A sua experiência é positiva ou negativa em consequência de como as pessoas agem e se comportam?

- Ao visitar lojas e empresas, tente determinar se elas são um bom lugar para se trabalhar. O que você mudaria se fosse o dono ou o presidente delas?

- Navegue pela internet e preste atenção nas características que chamam a atenção de blogueiros, críticos e clientes ao descreverem uma experiência positiva ou negativa.

- Use o que você descobrir de melhor e pior em outras empresas como parâmetro para avaliar seu local de trabalho. Que nota você daria a ele?

CAPÍTULO 3

MAS EU TENHO UMA EMPRESA PARA TOCAR

Cada dia precisa ser uma criação consciente
em que a disciplina e a ordem sejam amenizadas
por um pouco de divertimento e pura bobeira.
– May Satton

Roger Milford respirou fundo e sentiu o cheiro salgado de maresia misturada com cloro e bronzeador. As palmeiras balançavam com a brisa e uma gaivota planava no céu azul. Enquanto contornava a enorme piscina em formato de amendoim, observava as pessoas ao redor: banhistas bronzeados, casais em lua de mel e homens de meia-idade revivendo as loucuras das férias da juventude.

Parou de repente ao ver Kathy Phillips em uma mesa ao lado do bar, tirando o guarda-chuvinha de sua *piña colada*. Os dois eram presidentes de empresas do setor bancário de porte semelhante mas que atuavam em áreas distintas do país. Não eram concorrentes e sempre acompanhavam com atenção a carreira um do outro. Haviam se conhecido anos antes, em uma feira de negócios, e depois dividiram um táxi para o aeroporto. Ele ficara surpreso ao vê-la assobiar com dois dedos na boca com uma habilidade de fazer inveja – e graças a isso haviam conseguido o táxi naquele dia. Tinha assistido à sua apresentação e conhecia sua competência. Não a via fazia dois anos, desde uma outra feira de negócios.

– Kathy! Você aqui, em Cancún?

– Por que o espanto? Até onde eu sei, só exigem o passaporte para deixarem a gente entrar no país – brincou ela.

– Aposto que isso é uma comemoração. Soube que seu pessoal está nos deixando para trás com o crescimento da sua empresa. Cerca de 30%, não é isso?

Roger percebeu que estivera encolhendo a barriga por baixo da camisa estampada. Permitiu-se relaxar. Seus quilos a mais deixavam claro que ele levava uma vida segura e confortável. Mas as muitas mudanças pelas quais seus negócios vinham passando diminuíam um pouco sua autoconfiança habitual.

– Trinta e dois – disse ela.

Teve quase certeza de que ela havia levantado os óculos e tomado um gole do drinque para esconder o sorriso largo que ele esperava.

– Não sei como vocês conseguiram. Tive que suar a camisa mais do que nunca para conseguir um crescimento de míseros 3%. Os dois últimos anos foram bem difíceis. Li que sua estratégia foi motivar a equipe para que todos se divirtam no trabalho, mas imagino que isso seja só conversa para a imprensa.

– Conversa coisa nenhuma, Roger. Foi exatamente o que fizemos. Juntos. Só que não foi simplesmente se divertir. Foi uma repaginação total de nossa cultura para criar uma melhor, em que gostamos da presença dos colegas e nos sentimos mais realizados. E, de quebra, conseguimos resultados invejáveis.

Roger fez um muxoxo. Não estava convencido. E, apesar de seu laptop e uma pasta cheia de documentos estarem esperando por ele no quarto, continuou a ouvir. Kathy sempre fora alguém com quem podia ter conversas francas. Mais de uma vez tinha se sentido aliviado por não serem concorrentes. E mais de uma vez pensara que ela podia entendê-lo como se fosse uma planilha.

– Acredite nos 32%, Roger. Os números não mentem.

– Bem, a matéria que li dizia que vocês viraram tudo de cabeça para baixo em um só dia. Essa é difícil de engolir.

– Com razão. O jornalista pintou um quadro que não está acabado. **O primeiro dia foi o começo, e percebemos alguma mudança de imediato, mas depois houve muito acompanhamento, muita atenção ao controle dos resultados favoráveis para que pudéssemos manter a transformação.**

– Um dia? O que se pode fazer em um dia?

– Muito, é o que parece.

Ela indicou uma cadeira e Roger se sentou.

– Aquele dia foi só o começo – disse ela. – Antes, os gerentes regionais e eu passamos um bom tempo pensando em um sistema que transformasse nossa cultura. Até que, em um encontro à noite, convocamos todos os funcionários para o "pontapé inicial". Ali nós demos um panorama do que significava ser extraordinário e conseguimos que todo o grupo se comprometesse com essa meta, buscando uma convivência melhor no trabalho e um tratamento diferenciado para os clientes. Depois veio todo o acompanhamento que mencionei, que foi essencial para manter nosso foco.

– Então quer dizer que todo trabalho pode ser mais prazeroso? Bem, vocês podem se dar ao luxo de gastar tempo com isso, mas eu tenho uma empresa para tocar.

– Parece que você se esforçou muito para conseguir crescer 3%.

– Acho que você tem bons motivos para comemorar.

– É verdade, comemorar é importante. Estou aqui com um grupo de funcionários da linha de frente. Eles ganharam essa viagem como prêmio por seus resultados espetaculares. Vim comemorar com eles. Melhorei muito também.

– Férias com os funcionários? Eu vim para cá para fugir dos meus.

– Você acabou de resumir a grande diferença de nossos casos.

– Talvez eu pense melhor no que vocês fizeram. Não se pode ignorar um sucesso desse tipo.

– Aí vêm meus companheiros de férias – disse Kathy, acenando para um grupo do outro lado da piscina. – Por que não fazemos o seguinte? Pergunte diretamente a eles. Ouça a versão deles. Você se lembra do Kevin, meu assistente pessoal? Você já falou com ele pelo telefone.

– Aquele sujeito desagradável? Pensei que você ia ter que demiti-lo. Ninguém nunca foi tão rude comigo.

– Acontece que ele virou um entusiasta da nossa ideia quando lhe mostramos como seria se nos preocupássemos uns com os outros e com os clientes. Tudo se resume a trabalhar em um ambiente respeitoso e receptivo.

– Isso tudo me parece um grande faz de conta.

– Foram 32%, Roger. Onde está o faz de conta nisso?

– Tudo bem, vou conversar com Kevin. Mas se ele me destratar, eu o jogo na piscina.

Kevin pegou uma cerveja no bar e foi se sentar ao lado de Roger, enquanto Kathy se juntava aos outros em uma partida de vôlei dentro da piscina.

– Roger, acho que lhe devo desculpas.

Roger apertou a mão que o outro lhe estendia.

– Sabe, hoje enxergo como eu era – continuou Kevin. – Mas quando Kathy chamou uma consultora no dia do pontapé inicial para ajudar no processo de mudança da empresa, fui o primeiro a dizer: "Vamos enforcá-la." Não poderia estar mais errado. Não aceitei tudo numa boa de cara. A verdade é que eu andava muito pessimista. Meu casamento estava passando por dificuldades, minhas finanças eram uma bagunça e eu reclamava de tudo, principalmente no trabalho. Qualquer outra pessoa teria me posto no olho da rua.

– Mas Kathy não o demitiu. Por quê?

– Logo fui posto no grupo de pessoas que estavam na corda bamba. Achei que a coisa toda era só a última moda em autoaperfeiçoamento no mundo corporativo. Eu reclamava de tudo e criava confusão por qualquer coisa, até que fui mal-educado com um avaliador que se fazia passar por cliente. Acabei sendo chamado para uma conversa séria com Kathy e tive que decidir que rumo iria tomar. Ou me responsabilizava por meus atos e passava a me comunicar de forma construtiva e a participar da mudança ou seria demitido. Conversei com minha mulher e foi o passo inicial para melhorarmos nosso relacionamento. Foi a primeira conversa aberta e sincera que tivemos em muito tempo.

– Tudo isso foi consequência de Kathy ter decidido tornar o ambiente de trabalho mais prazeroso?

– Bem, foi todo um conjunto. Depois de decidir que poderia ir em frente, comecei mesmo a me divertir mais no trabalho. Acabei fazendo parte de uma equipe de incentivo. É um grupo responsável por estimular os outros funcionários mostrando as iniciativas que estão dando resultados para que todos as conheçam e comemorem. Sabe, é como quando você vai para a academia e malha, mas percebe que a musculatura não está sendo trabalhada, então muda de exercício e vê que o músculo fica mais enrijecido.

Roger pensou em quanto tempo fazia desde a última vez que conseguira ir a uma academia.

– Cheguei a ir até para um acampamento inspirado no treinamento militar, o que de início pareceu uma péssima ideia, mas acabou se revelando uma experiência incrível.

Kevin bebeu o último gole da cerveja, pousou a garrafa na mesa e deu uma olhada nos colegas jogando, que espalhavam água para todos os lados.

– Sabe, eu era um pé no saco. Depois que decidi mudar, me arrependi por não ter assumido uma atitude positiva antes. Você nem imagina o boca a boca que se formou depois do pontapé inicial. **Todo mundo começou a comentar como nossa empresa estava diferente. Os clientes começaram a trazer os amigos.** Até em casa as coisas mudaram. Minha mulher e eu não só acertamos nossos ponteiros, como as coisas ficaram melhores do que nunca entre nós. Acho que, quando você se esforça para se dar bem com as pessoas e melhorar as coisas, os resultados surgem em casa também.

– Parece um milagre – disse Roger, começando a se preocupar com a pilha de trabalho que o esperava no quarto.

– Bem, para mim foi mesmo um milagre. Precisei me esforçar, mas agora nem parece mais trabalho. Na maior parte do tempo, é diversão. Estou batalhando mais do que nunca, mas estou feliz. Antes fazia contagem regressiva para minha aposentadoria, agora acho que vão ter que me pôr para fora quando esse dia chegar.

Kevin se levantou e tirou a camiseta.

– Agora, se me dá licença, vou jogar um pouco de vôlei.

Roger ficou olhando. A chefe e seus subordinados jogando no mesmo time. Que ideia. Uma coisa dessas nunca aconteceria em sua empresa. Mas talvez Kathy estivesse certa, talvez fosse esse o problema. Ele podia ir para o quarto, mas ficou observando mais um pouco. Eles realmente pareciam saber se divertir.

Experimente fazer o seguinte:

- Dê uma volta por sua empresa como se fosse um cliente olhando pela primeira vez. Dá vontade de fazer negócio com vocês ou existe falta de profissionalismo e tensão entre os funcionários e isso o faria questionar essa decisão?

- Identifique com toda a honestidade as áreas que mais necessitam de melhoria. Avalie como os telefonemas são atendidos, como os visitantes são recebidos, a velocidade com que as coisas são feitas, a exatidão das operações e quaisquer outros itens que sirvam de base para os clientes formarem uma opinião sobre vocês.

- Pergunte a si mesmo: “O que posso fazer imediatamente para melhorar as áreas que precisam de ajuste?” A liderança não está no cargo, mas na atitude, então assuma toda a responsabilidade que puder. Arrume a bagunça. Cumprimente todos calorosamente. Seja o exemplo quando o assunto for contribuições significativas e interesse sincero pelos outros.

- Quando alguém disser por que não consegue fazer algo (cumprir um prazo, bater uma meta de vendas ou conseguir uma conta importante), responda perguntando: "Como você *conseguirá* fazer isso?" Repita a pergunta cada vez que ouvir uma nova objeção, até que a pessoa entenda que você está apostando no crescimento dela, em seu comprometimento e na capacidade de obter bons resultados.

A PROPOSTA DE VALOR

A abordagem que estou propondo é mais do que apenas "se divertir", apesar de isso fazer parte do processo. Na verdade, ter prazer no trabalho é uma consequência natural quando nos comprometemos com resultados excepcionais e tratamos clientes e colegas com respeito e simpatia. Trata-se de construir uma cultura corporativa focada em resultados que todos notarão e comentarão. Se for feita corretamente – ou seja, com um acompanhamento cuidadoso e manutenção regular –, essa abordagem tornará seu trabalho mais prazeroso e, por causa disso, mais produtivo. Veja alguns dos melhores aspectos disso:

1. Há resultados mensuráveis, desde o primeiro dia, na cultura e no desempenho.
2. Seus clientes comentam com os amigos sobre como é bom fazer negócios com você e se tornam seus defensores. Com isso, sua empresa cresce.
3. Os benefícios se estendem para sua vida familiar e a de seus funcionários.

Capítulo 4

Qualquer um pode entrar em ação!

Lidere, siga ou saia do caminho.
– Thomas Paine

Talvez a esta altura você esteja pensando: "Tudo bem falar sobre tornar o ambiente de trabalho mais prazeroso, mas como se faz isso quando não se é o presidente da empresa – ou, ainda, quando se *é*?"

Discutiremos isso a seguir, mas primeiro vamos falar de liderança e do porquê de ela poder existir em qualquer lugar.

Como dissemos antes, a questão principal é a seguinte: **a liderança não está no cargo, mas na atitude. Você precisa estar determinado a fazer com que as coisas importantes aconteçam, independentemente de seu cargo.** Michael Jordan, por exemplo, mostrou que o líder não era o cara de terno que ficava sentado no banco, mas o que batalhava nos treinos e se esforçava ainda mais no jogo. Ele elevou o nível de seus colegas de time e os ajudou a se lembrarem que o basquete é um jogo e que pode ser muito divertido – sobretudo quando se está ganhando.

Vejamos o exemplo de Pearl Samuels, a recepcionista que revolucionou sua empresa. Ela apareceu com seus cabelos muito claros e finos e seu jeito leve de garota do interior que sabe arar o campo e cuidar dos bichos. Levava o trabalho a sério, raramente era vista à toa, era melhor do que qualquer outro em tudo o que fazia e, quando não sabia alguma coisa, logo a aprendia. Em poucas semanas sua vivacidade e alegria estavam conquistando os clientes que ela atendia ao telefone. Eles começaram a comprar mais e a levar seus amigos para fazerem negócios com a empresa.

A mesa de Pearl estava sempre limpa e arrumada, nunca com pilhas de papéis com pendências a resolver. Eles saíam de suas mãos diretamente para o lugar certo, como em um passe de mágica, da mesma forma multitarefa como os telefonemas eram atendidos e os visitantes, encaminhados ao saguão, que toda segunda-feira era decorado com flores frescas que ela trazia.

Assim que a moça entendeu como os pedidos eram encaminhados, lançados no sistema e separados, percebeu redundâncias que poderiam ser eliminadas. Então, quando teve a oportunidade, propôs diplomaticamente uma solução. Os pedidos continuaram a aumentar e a carga de trabalho caiu pela metade por causa do processo mais eficiente que ela ajudara a criar.

Com um mês de empresa, Pearl percebeu que três funcionários tinham uma atitude prejudicial. Assim que pôde, conversou com cada um deles em separado e os convenceu a manter o bom humor no trabalho, porque os clientes esperavam ser bem tratados. Falou de como o comportamento deles fazia com que ela se sentisse e lhes deu sugestões sobre como mudar. Funcionou.

Um dia, um importante cliente em potencial apareceu e ela o atendeu tão bem que ele fez uma compra grande e espalhou para todos os amigos, que tinham poder de compra tão grande quanto o dele, como havia sido bem tratado. Mais e mais clientes como ele surgiram.

Então Pearl percebeu que a empresa não tinha um programa de fidelização de novos clientes. Ela ajudou a criar, desenvolver e implementar um plano para fazer o acompanhamento dos pedidos e enviar brindes. De novo, os clientes adoraram e apresentaram mais amigos.

Quando surgiu um problema por causa de inveja, Pearl falou com cada pessoa envolvida e lhes deu bons conselhos, encorajando-as a conversarem abertamente sobre o assunto antes que aquilo estragasse as relações de trabalho. Poucos anos depois, ela passou a gerente.

Pessoas que enxergam as oportunidades de causar impacto positivo e as aproveitam têm muito mais chances de ser promovidas e são extremamente valiosas para a empresa.

Como você pode ser mais parecido com Pearl? Perceba que ela conseguiu resultados impressionantes sem ter um cargo de autoridade. Ela conseguiu reconhecer as oportunidades e se responsabilizar pelos resultados sem ser controladora, rígida nem neurótica. E isso incentivou os outros a buscarem resultados melhores também.

Experimente fazer o seguinte:

- Liste três coisas que você mudaria se estivesse no comando.
- Tente tudo que puder para mudá-las: convença as outras pessoas sobre a relevância de suas ideias, obtenha as aprovações necessárias, faça um orçamento, incentive os outros. Depois, observe a mágica acontecer.

Parte II

Começando a revolução

Capítulo 5

Mude a marcha da sua empresa

Toda verdade passa por três estágios. Primeiro, é ridicularizada. Segundo, é violentamente confrontada. Terceiro, é aceita como sendo evidente.

– Arthur Schopenhauer

Kathy Phillips chegou ao restaurante Smith & Wollensky às 11h15, antes do horário de maior movimento. Fazia tempo que se mudara de Manhattan, mas não tinha esquecido sua churrascaria preferida. Quando a porta se fechou por trás dela, deixou lá fora o barulho da Terceira Avenida, oferecendo um ambiente de deliciosa tranquilidade. Foi conduzida a uma mesa afastada, onde Roger Milford a aguardava com uma xícara de café e o *Wall Street Journal*.

Ele jogou o jornal em uma cadeira vazia e se levantou enquanto ela se sentava. Depois se sentou de novo e Kathy notou as linhas de expressão marcadas em seu rosto e uma ou duas rugas novas na testa.

– Você deve estar mesmo bastante curioso, para me convidar para uma churrascaria – disse ela.

– Faz seis meses desde que nos vimos em Cancún. Achei que, já que estaríamos aqui a trabalho, poderia aproveitar e pedir que você me contasse mais sobre como fez as coisas darem tão certo.

O garçom se aproximou e eles fizeram os pedidos. Roger parecia desorientado. Ele sempre fora um homem orgulhoso e confiante. Tinha sido preciso passar por cima de sua vaidade para pedir ajuda à amiga.

Quando o garçom se afastou, ela perguntou:

– E então, como andam as coisas na empresa desde que nos falamos pela última vez?

– Nada bem. Eu lhe contei que havíamos reduzido o número de funcionários e o orçamento ao mínimo possível. Mas parece que não estamos conseguindo nos recuperar. Não sei o que fazer. O navio está afundando e não temos mais nada para jogar na água.

Kathy poderia dizer que tinha avisado a ele que estava seguindo o caminho errado, mas não era o melhor momento para isso. Eram amigos havia muito tempo para que ela mencionasse agora que sua empresa continuava crescendo enquanto a dele estava quase fechando.

– O que você quer saber? – perguntou ela.

– Tudo, se puder me contar. Como começou, as etapas e, bem, o processo todo.

– Em primeiro lugar, Roger, é bom que se diga que, **se 10 empresas adotarem essa abordagem, provavelmente haverá 10 versões diferentes dela, mas posso lhe falar dos pontos em comum.** Tudo começou quando passei a prestar atenção à nossa caixinha de sugestões.

– Não brinca!

– É verdade.

As saladas chegaram e Kathy pegou o garfo.

– Recebi uma sugestão de uma funcionária da filial do Texas, Sara Green. Ela perguntava se poderíamos transformar nossa empresa em um lugar em que todos gostassem de trabalhar, onde nos divertíssemos e obtivéssemos bons resultados também. Acho que sei o que deve estar pensando, que colocamos jogos nos computadores do escritório, estabelecemos um horário para cochilos e passamos a fazer festa todo dia. Não foi isso, apesar de comemorarmos bastante no trabalho.

Ela esperou que terminassem as saladas e a carne chegasse, com batata assada para ele e legumes para ela. Cortou o bife mal-passado, do jeito que ela gostava.

– Pedi que Sara pegasse um avião para vir conversar comigo. Ela me contou que vinha visitando outras empresas em que todos pareciam gostar da presença uns dos outros. Ela havia passado a usar uma lavanderia que um amigo lhe indicara. Era um lugar em que os funcionários não só pareciam gostar dos colegas, mas também recebiam os clientes de uma forma que os fazia se sentirem especiais e respeitados. Quando o cliente ainda estava estacionando, o funcionário já se apressava em buscar as roupas dele, de forma que, quando ele entrava, o atendente sorria e anunciava: "Sr. Anderson, está tudo pronto para o senhor." A sua lavanderia é assim? A minha não era.

Kathy cortou mais um pedaço da carne.

– Então comecei a pedir indicações e descobri uma lavanderia perto da minha casa que todo mundo dizia ser como a de Sara, dessas em que você se sente parte da família. E virei cliente dela. **Pensei com meus botões: se os clientes estão fazendo propaganda e a loja está crescendo por causa disso e, ainda por cima, as pessoas se dão bem umas com as outras lá, preciso conhecer esse lugar.**

– Mas qualquer pessoa conseguiria fazer isso? – perguntou Roger.

– Acho que sim. Contratamos uma consultora para nos dar uma visão de fora e isso ajudou bastante. Para ser franca, muito do que ela apontou não era grande novidade para mim. Era mais como pegar todas as coisas complexas que complicamos ainda mais e torná-las um processo simples a ser percorrido passo a passo. Você já ouviu a expressão "Penso, logo complico", não ouviu? Bem, éramos especialistas no assunto! Então, simplificamos tudo, atendimento ao cliente, processos de contratação, reuniões diárias e até comemorações trimestrais e análises periódicas, tudo, e nosso foco passou a ser melhorar os resultados. Daí o trabalho ficou mais leve, muito mais divertido e prazeroso, na verdade. Foi isso. Talvez pareça simples demais para funcionar, mas, quando tudo isso funciona simultaneamente... Bem, os resultados falam por si.

Roger levou mais uma garfada à boca e sinalizou com a cabeça para que ela continuasse.

– Convocamos uma reunião geral para darmos o pontapé inicial, um evento para todos os funcionários. Foi aí que tudo começou, embora já viéssemos preparando tudo antes, montando equipes de liderança nas gerências, pensando juntos para formarmos uma ideia mais clara de como queríamos que a empresa fosse e que valores poderiam impulsionar nossa mudança. Pensávamos que já sabíamos bem disso, mas mantivemos as mentes abertas e acabamos tendo conversas bastante sinceras, por exemplo, sobre como muitas vezes mais parecíamos estar dirigindo uma creche para adultos do que uma empresa do setor bancário. Isso tinha que mudar, mas **eu precisava saber se podia contar com o comprometimento de cada gerente antes de levar a ideia para os demais funcionários, porque ela significava uma repaginação total da empresa.** De início, achei que algumas pessoas ficaram enrolando, mesmo algumas que eu pensava conhecer bem. Mas logo consegui que todos se engajassem e ficassem focados em obter resultados excepcionais em um ambiente de trabalho que acabamos adorando.

Kathy preparou outra garfada.

– Aprendemos a lidar com comportamentos que precisavam ser modificados no ambiente de trabalho e, o mais importante, a lidar com funcionários que tinham uma postura desafiadora e sugavam a energia dos colegas. Quando concluímos essa etapa, a equipe estava a mil e querendo mais. Já dava para ver o que seria possível alcançar para cada um de nós e para a empresa, e essa expectativa era ótima. O mais importante é que a equipe havia deixado para trás qualquer mágoa que tivesse se formado com o passar dos anos e desestimulasse as pessoas, mesmo que só um pouco. Sabe, é uma coisa que vai se acumulando. Até então, eu nunca havia percebido como o ressentimento e a desconfiança pesavam sobre nossos ombros. Mas acho que não éramos muito diferentes da maioria das equipes de gerenciamento... Quando nos vimos livres disso tudo foi, nossa, um alívio!

Kathy juntou um pedaço de abobrinha e um de cenoura para acompanharem a garfada de carne seguinte e viu que Roger tinha parado de comer, o garfo e a faca nas mãos. Ela continuou:

– O pontapé inicial tinha que abarcar uma ideia realmente extraordinária, que fizesse toda a empresa entrar nos eixos e mudar dali para a frente. Foi audacioso, não vou negar. Era uma premissa irracional. E tenho que admitir que, durante a apresentação, nem todos compraram a ideia, dava para perceber isso pelos sussurros e a linguagem corporal das pessoas. Você conversou com Kevin. Ele foi um dos que logo percebemos que seria do tipo São Tomé, que só acreditaria vendo.

Roger sinalizou com a cabeça para que ela continuasse.

– Depois da reunião de pontapé inicial, passamos por várias etapas de acompanhamento, todas criadas para ajudar a pôr a cultura da empresa na direção que queríamos seguir. Tivemos uma conversa séria com cada um que parecia não estar muito comprometido com uma mudança dessa magnitude. Eu dizia a eles: "Estou extremamente empolgada com o rumo que a equipe está tomando, mas tenho a sensação de que você não está tão animado assim. Tudo bem. Se está sentindo que este não é o lugar para você, quero que fique à vontade para procurar um que o deixe feliz." Houve pessoas que fingiram estar comprometidas e acabaram sendo pegas depois pelo cliente surpresa.

– Cliente surpresa? O que é isso?

– É um avaliador que se faz passar por cliente. A função dele é testar a determinação e o grau de comprometimento das pessoas.

Elogiamos quem recebe um 10 e aconselhamos os que ainda precisam melhorar. Mas sempre com uma atitude positiva, usando o trabalho das equipes de incentivo.

– Isso não me parece muito eficaz.

– Roger, a situação da sua empresa é mesmo séria?

– Desculpe.

Seu sorriso amarelou enquanto ele se inclinava para a frente.

– A equipe de incentivo é composta por funcionários dos mais variados escalões. Se fossem só gerentes, ficaria estratégico demais. A equipe contribui para a implementação de novas ideias, porque seus membros observam a evolução da cultura, relatam os fatos à equipe líder e ajudam todos a celebrar os sucessos.

– E daí é só esperar para que haja mais motivação no ambiente de trabalho?

– Ah, Roger, cai na real. Quem dera fosse fácil assim. Trabalhamos no mesmo ramo. Você sabe que passamos por reveses, obstáculos e erros. Chamo isso de momentos "ai que droga". Você já teve os seus também. Se fosse fácil, se fosse só apertar um botão, qualquer pessoa que quisesse criar um ambiente de trabalho com essa abordagem perderia seu lado competitivo. Sabemos que sempre vai haver dificuldades e, dentro do possível, tentamos prevê-las e lidar com as surpresas que surgem. Também mandamos nosso pessoal para seminários e workshops externos.

– É, Kevin me disse que foi para um acampamento meio militar. Ele não pareceu chateado como eu ficaria no lugar dele.

– Foi só uma das maneiras que encontramos para manter todo mundo estimulado. Cerca de metade dos funcionários foi para um acampamento desse tipo, conheceu pessoas de outros ramos e voltou mais entusiasmado que nunca com a mudança de cultura.

– Então tudo começa em um dia só, mas muita coisa acontece antes e depois.

– Com certeza. Mas não leve em conta só o meu relato e a

perspectiva da gerência neste caso. Por que não pergunta para a própria Sara Green? O trabalho dela acaba de ganhar destaque mais uma vez em nossa comemoração trimestral e ela está na cidade. Só preciso avisar que ela não vai ficar muito animada em comer carne malpassada. Acho que um salmãozinho pode ser uma boa ideia.

– Claro – disse Roger. – Se puder, me passe os contatos dela. Mas já estou inclinado a acreditar que o que vocês conseguiram é o que eu venho buscando.

Experimente fazer o seguinte:

- Imagine seu trabalho como um lugar a que você adora ir.

- Imagine que a única maneira de seu trabalho ser o que você quer é você, e só você, se responsabilizar pela transformação dele. O que você faria de diferente a partir de amanhã para que isso acontecesse?

- Identifique os momentos em que você se torna parte do problema, em vez da solução (resmungando sobre o que está errado, no lugar de oferecer críticas construtivas ou desmerecendo uma ideia sem propor alternativas, por exemplo). Seja sincero. Avalie seu comportamento.

- Observe quem precisará de ajuda para incorporar essa nova visão. Não se esqueça de se incluir nesse grupo se necessário.

- Pense bem. Você realmente acredita nessa ideia? Consegue se comprometer com ela? Pode colocá-la em prática hoje e sempre?

- Você quer tanto essa mudança que estaria disposto a ajudar a pô-la em prática? O que você pode fazer nos diversos setores de seu trabalho?

MENSAGENS-CHAVE PARA UM AMBIENTE DE TRABALHO COM MAIS MOTIVAÇÃO

Estas são algumas das mensagens essenciais para a mudança que proponho:

- Comprometa-se de todo o coração. Em uma escala de 1 a 10, cada vez que você alcança menos do que 10 está prejudicando os outros membros de sua equipe, seus clientes e a si mesmo.
- Não permita que pequenos contratempos o afastem de seu objetivo.
- Seja rigoroso quando o assunto for comportamento prejudicial – o dos outros ou o seu. Sua postura em uma situação específica dá indicações de como você age de modo geral.
- Mostre sua preocupação com os outros, sejam colegas, clientes ou fornecedores. Demonstre isso sempre que encontrá-los.
- Celebre cada conquista. Isso prepara sua mente para mais vitórias.
- Corrija o que não der certo. Quando fracassar – e isso é inevitável –, esteja pronto para recomeçar.
- Não deixe que nada o detenha até conseguir alcançar o que deseja.
- Use uma linguagem vibrante e positiva para explicar o que fará e a atitude que espera dos outros.
- Supere qualquer crença que limite suas capacidades.

- Você será tão feliz ou infeliz quanto quiser. Se for atencioso com os outros, apreciar a vida e celebrar as conquistas, terá tudo para escrever sua própria história. Pessoas assim são capazes de manter a cultura de uma empresa e levar equipes ao sucesso.
- Pare de se ocupar com mil coisas ao mesmo tempo e comece a fazer o que importa. Responsabilize-se pelos resultados.
- A maneira mais rápida de alcançar o sucesso e a felicidade é se entregando. A vida recompensa quem se doa, mas tira de quem se aproveita dos outros.

CAPÍTULO 6

A MUDANÇA QUE VEM DAS LINHAS DE FRENTE

Tenha metas pequenas e espere pequenos resultados.
Tenha metas grandes e alcance um grande sucesso.
– David Joseph Schwartz

Sara Green é uma mulher do tipo mignon com cabelo castanho-acinzentado. À primeira vista, dificilmente pareceria o tipo de pessoa que poderia iniciar uma mudança radical na cultura de uma empresa. Mas quando Roger Milford a encontrou pela primeira vez, no lobby do hotel onde ela estava hospedada, seus olhos demonstravam tanta luz interior que ele imediatamente percebeu que tinha se enganado mais uma vez e Sara teria muito a oferecer.

No restaurante, quando ela escolheu bacalhau em vez de salmão, Roger disse:

– Olha, pode escolher lagosta, se quiser. Pago até uma tonelada de lagostas se você me mostrar o caminho certo.

– Ah, caminho certo – disse ela, piscando. – Tudo bem, mas você terá que arcar com as consequências, assim como todo mundo. No meu caso, eu mal imaginava a revolução que causaria quando fiz aquela sugestão. **Só sabia que algumas pessoas gostavam de ir para o trabalho e que eu queria ser uma delas.** E também tinha consciência de que nossa empresa estava estagnada, de forma que me pareceu que criar um ambiente de trabalho agradável poderia ser a base de uma ótima estratégia de crescimento.

Roger assentiu e disse:

– Kathy me fez um breve resumo do como o processo funciona, mas fiquei imaginando como seria a sua perspectiva.

– A primeira coisa que percebi depois que a mudança começou foi que a visão e os valores da empresa passaram a ser mencionados em quase todos os e-mails e comunicados. Até ali, não sabia que tínhamos uma visão e nunca ninguém havia discutido nossos valores. A maioria de nós só ia para o trabalho pensando no dia do pagamento. Tudo isso fazia parte do processo de mudança e começamos a pensar mais em transparência na comunicação e em como poderíamos melhorar nesse sentido. Passamos a nos esforçar para sermos mais abertos, honestos e diretos e essa nova transparência fez com que nos sentíssemos responsáveis como nunca por nossos próprios destinos e pelo sucesso da empresa. Quando percebemos, estávamos felizes de ir para o trabalho. Comecei a ouvir falar que a vida pessoal de algumas pessoas também estava melhor. Uma colega me contou que até os vizinhos andavam perguntando o que estava acontecendo com a família dela. Todos pareciam estar mais contentes e curtindo mais a vida. Isso pega como vírus, só que é um vírus do bem.

Roger assentiu e retrucou:

– A única coisa que não entendo é por que demorei tanto a procurar vocês. Sei que não será fácil, mas acho que a minha empresa pode fazer isso também.

– Você só precisa ficar atento a uma coisa.

– O quê?

– **Nada vai se resolver da noite para o dia, como se houvesse um conserto rápido. Vai ser uma revisão completa e contínua da cultura da sua empresa.** No meu caso, eu era membro de uma equipe de incentivo, um grupo interno que atua estimulando as pessoas, para que elas mantenham o foco nos resultados. A ideia é que esse grupo seja formado por funcionários de diversos setores. No meu, havia uma pessoa da diretoria, uma da contabilidade e uma do departamento de vendas, outra do marketing, eu e algumas outras.

– Homens e mulheres de diferentes setores?

– Sim. Sabe, mudar a cultura de uma empresa é como manter uma fogueira. Se ninguém atiçar o fogo, ele se apaga. Então tem que ter sempre alguém botando lenha e outros abanando as chamas, para mantê-las acesas.

– E o fogo nunca ameaçou se apagar?

– Ah, o tempo todo. Sempre há obstáculos, problemas e reveses.

– Kathy chamou isso de momentos "ai que droga".

– É a cara dela. Mas ela foi uma das maiores incentivadoras da mudança, ou melhor, da evolução, como gosto de dizer. Isso fica muito claro nos memorandos dela e nos bilhetes de estímulo que nos escreve. Como vê, um dos pontos-chave é que as pessoas se tornem mais comunicativas e façam isso de forma sincera e construtiva. Todo mundo pode pisar na bola um dia e vai precisar de ajuda para não retroceder, se transformar na maçã podre do cesto ou em alguém prejudicial. A forma de contratação de novos funcionários também passa a ser uma parte vital do processo, bem como o aperfeiçoamento constante do maior número possível de pessoas.

Roger balançou a cabeça.

– Também não se pode esquecer de oferecer treinamento e estímulo – continuou Sara. – Isso pode ser feito de diversas maneiras, com workshops, eventos internos, seminários e até acampamentos em estilo militar, que achei que seriam uma experiência terrível até participar de um. O importante é que todos possam participar de atividades que os ajudem a manter em mente que fizeram uma opção e são responsáveis por seus atos.

– Parece que isso exige muito esforço e energia. Como vocês ainda conseguiam cuidar de suas tarefas diárias?

– Essa é a melhor parte. Todo esse processo nos tornou muito mais eficientes e produtivos, mais interessados em nossos clientes e no bem-estar uns dos outros. Depois que nos comprometemos, parece que nossa vida ficou melhor de repente. Foi como se passássemos a formar uma família. Você deve ter ouvido falar nos resultados.

– Ouvi, sim. Parece que, em algum ponto, vocês acreditaram, deram um salto no escuro e desde então essa abordagem está funcionando muito bem, obrigado.

Sara fisgou um pedaço do bacalhau com o garfo. Quando levantou o talher, um pouquinho de peixe caiu de volta no prato.

– Tenho orgulho de ser a formiguinha que começou uma grande revolução, apesar de que, se Kathy não tivesse levado minha sugestão a sério e buscado uma forma de colocá-la em prática, nada disso teria acontecido. Mas, veja bem, **se você quer fazer uma revolução, em algum momento terá que tomar coragem e defender uma causa que pode não parecer nada razoável.**

Roger percebeu algo na voz dela que raramente ouvira de seus funcionários. Paixão, do tipo que às vezes ouvia em entrevistas de emprego e depois se esvaía mesmo de seus melhores funcionários. Talvez também devesse deixar de ser tão preso à razão.

A EMPRESA QUE CRESCEU QUANDO INVESTIU NUMA IDEIA OUSADA

Vejamos o caso de uma empresa do Sul dos Estados Unidos. Durante muitos anos, quando comparado aos dos concorrentes, seu desempenho esteve entre os 25% piores. A firma tentava de tudo, mas não conseguia crescer.

A empresa estava fazendo as análises certas e começando a entender melhor a natureza de seu negócio, mas não estava usando abordagens mais eficazes para pôr em prática sua estratégia, conseguir o engajamento da equipe e alcançar resultados mais sólidos.

O dono usava todas as desculpas do mundo. "Todo ano é a mesma coisa. Os primeiros três meses são uma desgraça", dizia ele. "Tem sido assim desde que abrimos as portas há 70 anos."

Era verdade. As vendas do primeiro trimestre eram só metade de cada um dos outros três. Então o dono teve uma ideia ousada: "Vamos combinar que este ano vai ser diferente. Nossa meta de crescimento vai focar no primeiro trimestre. Vamos crescer mais nele do que em qualquer outro!"

E assim foi. A empresa fechou o trimestre com mais vendas do que em qualquer outro trimestre anterior *de sua história* e conseguiu isso com uma margem de lucro muito maior, porque todos na equipe aderiram à ideia. E, para coroar a história, esse resultado foi obtido em uma época de recessão, em que a empresa teria muitos motivos para ver seu faturamento baixar.

O desafio que de início não parecera muito razoável tinha se tornado bastante plausível.

Quem não se esforça para ultrapassar seus limites e sair da zona de conforto fica estagnado para sempre. Você precisa se empenhar, imaginar os resultados como já sendo reais e se comprometer com eles.

TORNANDO-SE IMBATÍVEL – O COMPROMISSO

Gil prometeu à sua equipe que conseguiria 20 novos clientes até o final do mês. Todo mundo tinha se comprometido com o grupo e ele não seria a exceção. Mas ele dependeria também de outras pessoas para alcançar sua meta. O departamento de marketing precisaria incluir clientes em potencial na mala direta. As recepcionistas teriam de atender aos telefonemas dos clientes de forma tão gentil e atenciosa que eles *quisessem* falar com o departamento de vendas.

Aí começaram os problemas. O pessoal do marketing não

mandou a mala direta. "Faremos duas no mês que vem, este mês temos que organizar um evento", alguém disse no dia 20, quando a correspondência deveria ter sido enviada no dia 5.

Depois, a recepcionista que era ótima em manter os clientes potenciais na linha pediu demissão. O funcionário que a substituiu enquanto entrevistavam candidatos para a vaga era educado, mas não fazia ideia de que precisava estabelecer um relacionamento com as pessoas, convencendo-as de que aquele era o lugar ideal para suprir suas necessidades.

Com esses dois obstáculos, no dia 25 Gil só tinha conseguido três clientes novos. Não era de esperar que ele conquistasse mais 17 até o fim do mês. Com certeza, havia bons motivos para que não atingisse sua meta – afinal, ele tinha ficado na mão e a culpa não era dele.

Mas Gil sabia como agir. Quando as coisas saem do rumo, você tem de se concentrar no objetivo e se decidir a alcançá-lo aconteça o que acontecer.

Então, nos quatro dias seguintes, Gil ficou ao telefone o tempo todo. Ligou para cada cliente e pediu indicações de amigos deles a quem sua empresa pudesse atender. Os próprios clientes ligaram para 75 pessoas indicando Gil. No dia 30, ele tinha aberto 27 novas contas. Estava se tornando imbatível.

O QUE VALE É O RESULTADO

Jodi sempre dava desculpas para tudo. Então seu chefe estabeleceu uma regra. Ele disse: "Não quero saber das dores do parto, quero ver o bebê. Mostre-me o resultado."

Quando Jodi aprendeu esse conceito, seus resultados no departamento de marketing foram responsáveis por 2 milhões de dólares a mais nos lucros.

Experimente fazer o seguinte:

- Pense em uma meta que não pareça razoável para sua empresa.
- Identifique as desculpas que tornam essa meta impossível.
- Imagine os obstáculos que deverão ser ultrapassados para que ela se torne aceitável e possível.
- Avalie seu progresso, comprometa-se e vá atrás dos resultados, independentemente das dificuldades.
- Estabeleça suas próprias metas não razoáveis. Não fique de braços cruzados até que alguém peça isso a você. As pessoas de sucesso fazem mais do que se espera delas.
- Relacione *tudo* que possa ser um obstáculo a essa meta.
- Para cada item da lista acima, escreva ao lado pelo menos uma estratégia para superá-lo.
- Comece imediatamente a tomar as providências necessárias para alcançar sua meta ousada. Conte a pelo menos duas pessoas o que você está fazendo e qual é o seu compromisso. Peça-lhes que, caso você comece a dar desculpas para não atingir seus objetivos, não as aceitem, mas lhe deem força para chegar a seu ideal.

Capítulo 7

Imagine que é possível

Na falta de um grande sonho, a insignificância prevalece.
– Robert Fritz

John F. Kennedy teve uma visão que inspirou o que parecia impossível. Na época em que ele propôs mandar o homem à Lua antes do fim da década, as pesquisas haviam atingido apenas 15% do know-how necessário. O mesmo vale para Bill Gates. Quando a maioria das pessoas nem sabia o que era um computador, ele teve a visão de que logo haveria um deles em cada lar dos Estados Unidos.

É o que acontece quando se tem visão: todo mundo sai ganhando. E muito. Isso vale para todos os níveis – seja na melhora de um desempenho ou na transformação de uma cultura – e qualquer pessoa.

Também não é preciso ser diretor de uma multinacional para se ter visão. Você pode (e deve) ter visões para sua empresa, seu departamento, sua família. Os líderes falam a "língua da visão".

Todas as grandes visões têm três elementos:

São curtas (pense que, se não couber de forma legível em uma camiseta, está grande demais) e utilizam palavras impactantes.

São visuais. Você pode visualizar um homem na Lua ou um computador em cada casa dos Estados Unidos.

Declaram sua intenção de estar a serviço dos outros. Empresas que só olham para si mesmas fracassam (lembre-se da Enron e da WorldCom). Bill Gates jamais se preocupou em fazer computadores. Sua visão tinha a ver com tornar o mundo melhor.

O momento crucial de uma visão é quando todos a veem, a entendem e se comprometem em torná-la real.

O presidente de um pequeno banco no Texas trabalhava pesado e fazia todo o possível para difundir a visão da empresa e engajar as pessoas nela. Ainda assim, as coisas não iam tão bem quanto ele gostaria. Ele não conseguia convencer seus funcionários e estava começando a ficar desestimulado, porque eles passavam o dia apenas "fazendo seu trabalho".

Seu objetivo era ter uma equipe mais engajada, em que houvesse uma ligação emocional com o trabalho e, em consequência, todos se sentissem mais envolvidos e entusiasmados. Mas alguns funcionários resistiam a essa ideia. Eles sabiam que aquela proposta já funcionava muito bem em outros lugares, mas achavam que seria diferente em sua empresa.

Quando organizaram um encontro para discutir a mudança, ficou claro que algumas pessoas ainda lutavam contra ela. Então os funcionários se dividiram em grupos para uma dinâmica. Na primeira tarefa, pediu-se que todos agissem como alguém que fosse indiferente às mudanças. Eles obedeceram. Depois foi solicitado que demonstrassem como seria estar plenamente engajado em ajudar a equipe a se sair mais do que bem em todos os seus trabalhos. Eles agiram dessa forma.

Por último foi pedido que, caso percebessem que alguém em seu grupo ou nos outros parecia desestimulado, apontassem a pessoa e a convidassem a se engajar. Um grupo imediatamente disse: "Olha, o pessoal daquela mesa toda lá precisa se engajar." As pessoas se corrigiram imediatamente.

No dia seguinte, a energia no trabalho mudou completamente. Os clientes perceberam e a notícia acabou se espalhando pela cidade. Uma funcionária estava no cabeleireiro quando escutou alguém dizer: "Odiava entrar naquele banco e estava pensando em fechar minha conta, mas alguma coisa aconteceu por lá nas últimas semanas e agora o clima está ótimo."

O estado de espírito de toda a cidade mudou quando as outras empresas começaram a comentar sobre as mudanças no banco e a seguir o mesmo caminho.

Ter uma reação viral não significa necessariamente pegar uma gripe ou ter o computador invadido por cavalos de Troia. Uma reação viral acontece quando uma ação leva a uma resposta que se torna algo único, quase com vida própria – por exemplo, quando alguém fica tão entusiasmado que quer participar ativamente na transformação do ambiente de trabalho em um lugar mais feliz.

A visão estava funcionando tão bem que as pessoas compraram a ideia. E a forma como o poder dessa visão cresce à medida que ela se espalha é incrível. O papel do líder é falar dela incansavelmente, garantindo que tudo seja feito com base nela e todos participem do processo.

Graças à nova visão, um mês depois do pontapé inicial a empresa conseguiu fechar seu crescimento anual em 35%. Era mais do que ela havia crescido nos 10 anos anteriores juntos. Seu presidente disse: "Falamos de nossa visão em todas as reuniões, em todos os e-mails e em toda entrevista de contratação de funcionários. Construímos nossos planos de trabalho em torno dela. O mais legal é que, apesar de ela ter parecido impossível, acho que agora todos acreditamos que podemos transformá-la em realidade. Então vamos conseguir!"

Analisando sua visão

Quando a consultora terminou a conversa com Roger Milford e o grupo de gerentes que ele convocara para ser sua equipe de liderança, ela se sentou e ele ficou de pé e disse:

– Pessoal, não sei no que isso vai dar, mas quero que nos fixemos na forma como queremos ser vistos por nossos clientes, seja hoje, daqui a dois anos ou cinco. Precisamos de uma mensagem que seja coerente, forte, que possa ser repetida incessantemente por nós e por todos os nossos funcionários.

– Que tal "passa a grana"? – disse um rapaz da contabilidade.

– É exatamente por isso que estamos em apuros – disse uma mulher do outro lado da sala. – As empresas agem assim e acabam afundando no meio do assalto.

A consultora observou Roger, que parecia desconfortável em não estar no controle e deixar a equipe interagir livremente. Ele torcia as mãos e se inclinava para a frente, ansioso para tomar a palavra. Ela já havia percebido esse lado dele. Ele lhe contara que os pais eram muito éticos e rigorosos quanto ao trabalho. Provavelmente Roger herdara essas características. Também herdara uma grande autoconfiança, que pode ser um problema quando ultrapassa certos limites. É importante que a pessoa se mantenha aberta, seja boa ouvinte e se expresse de forma honesta e respeitosa.

– É isso mesmo – disse Roger. – Queremos que nossa visão reflita nossos valores e a forma como queremos que os clientes nos vejam. Que tipo de empresa podemos ser? O que vislumbramos? Queremos tornar a vida de nossos clientes mais fácil e melhor, mais despreocupada, mais bem-sucedida? Queremos ver nossos funcionários motivados em vez de assustados ou com raiva? Então, vamos arregaçar as mangas, falar sobre nossa visão e tentar apostar na mudança, certo?

Seu olhar cruzou com o da consultora e ele assentiu, sorrindo acanhado. Sabia que tinha dirigido a empresa com mão de ferro. Agora estava recuando e dando a palavra aos outros, que acabaram percebendo que estavam todos no mesmo barco e motivados pelas mesmas inquietações que Roger.

A mulher que tinha falado antes se levantou e disse:

– Quantos de vocês ficaram felizes de vir para o trabalho hoje de manhã e estão satisfeitos por estarem nesta reunião?

Uma meia dúzia de mãos hesitantes foi levantada.

– Ah, qual é? – disse ela. – A ideia é sermos totalmente honestos conosco e uns com os outros.

As mãos que tinham sido levantadas desceram.

– Agora temos a realidade.

Roger olhou para a consultora, perguntando-se aonde aquilo ia dar e se ele deveria intervir. A consultora balançou a cabeça dizendo que não. Era melhor deixar que a mulher apresentasse seus argumentos.

– Que tal uma visão como esta, então? – continuou a mulher. – Imaginem seu ambiente de trabalho como um lugar em que vocês adoram estar. Se agirmos assim e demonstrarmos a cada cliente nosso compromisso de alcançar essa meta, aonde isso nos levará? Visualizem esse sonho. Estão conseguindo?

– Impossível – alguém resmungou.

Um sorriso passou pelo rosto de Roger e a consultora esperou que isso significasse que ele estava de acordo com a visão da mulher, não com o resmungo.

– Tudo bem – disse Roger. – O que aconteceria se conseguíssemos alcançar esse objetivo?

– Bom, os clientes falariam de nós, nos elogiariam e provavelmente trariam todos os seus negócios e os da família para cá.

– Isso seria maravilhoso. Quantos de vocês gostariam de ter isso como visão inspiradora para tudo o que fizermos?

Todas as mãos se ergueram.

O rosto de Roger se iluminou.

– Negócio fechado, então.

A consultora ficou de pé e disse:

– Nada disso é impossível. É difícil, mas factível, sem dúvida. Outras empresas como a de vocês já conseguiram. Eles vislumbraram um objetivo e caminharam na direção dele, mantendo-se firmes, e a visão se concretizou. Não estou dizendo que seja fácil. Mas tudo sempre começa com uma ideia audaciosa. E é disso que se trata a visão.

Experimente fazer o seguinte:

- Crie uma visão para cada projeto importante. Por exemplo, você pode dizer para seu designer gráfico que sua visão é ter um prospecto que se destaque pela ousadia e por incitar a ação.

- Diga aos membros de sua equipe que todo e qualquer projeto pode ser uma obra de arte de que eles se orgulhem.

- Ensine a seus filhos que sempre deve haver um sorriso ao fim de uma conversa.

SOBRE A VISÃO DE SUA EMPRESA

Uma declaração de visão deve proporcionar uma imagem convincente do seu sucesso futuro. Ela precisa ultrapassar os limites da empresa, atingindo os clientes e todos que interajam com ela, e levar os funcionários a se comprometerem com algo maior do que eles mesmos. Esse é um traço marcante de todos os profissionais e empresas que têm sucesso duradouro.

Independentemente do ramo em que você atue, vai querer que sua visão gere comportamentos que levem o cliente a recomendar amigos. O que gera esse tipo de entusiasmo em seus clientes? O que você está fazendo para que isso aconteça? O que pode fazer para melhorar? Se a resposta for seus funcionários demonstrarem um entusiasmo tão contagiante a ponto de seus clientes o perceberem, então você descobriu sua visão!

Alguns exemplos de visão:

- Todo cliente volta trazendo um amigo.

- Todo cliente é para sempre e traz junto sua família.
- Todo cliente chama o vendedor pelo nome.
- Todo cliente é tratado como se fosse o único.

Resumindo, uma declaração de visão são palavras que compõem uma imagem clara da consequência natural de se viver de acordo com seus valores a serviço do cliente. Resista à tentação de falar demais e seja objetivo nela.

CAPÍTULO 8

COMPROMETA-SE

Quando não existe compromisso, tudo o que há
são promessas e esperanças, nunca planos.
– Peter F. Drucker

No dia do pontapé inicial, Roger Milford sentou-se no fundo da sala lotada por sua equipe de liderança. Ele observava seus rostos e sua linguagem corporal, sem perceber que seus próprios braços estavam cruzados no peito e que suas sobrancelhas estavam franzidas.

Era a seção exclusiva para gerentes e a consultora contratada para ajudar na transição tinha a palavra:

– Para que uma empresa consiga uma transformação que seja abrangente e significativa, *todos* os gerentes precisam se engajar de coração. As pessoas podem ter os mais diversos motivos para não aderirem a uma ideia. Então, vou pedir que vocês sejam absolutamente sinceros ao responderem à seguinte pergunta: "Em uma escala de 0 a 10, sendo 10 o comprometimento máximo, quanto você está comprometido com uma mudança total?"

Ela aguardou alguns segundos antes de continuar:

– Em geral, as respostas variam de 7 a 10. Sempre que é diferente de 10, a gente pergunta o motivo. Então ouvimos coisas do tipo "Não tenho tempo suficiente" ou "Sei lá. Explique melhor o que seria essa mudança total" ou então "Sou uma pessoa prática. Não posso assumir um compromisso sem saber onde estou me metendo". Para cada resposta abaixo de 10, vocês vão precisar ajudar quem respondeu a entender que isso acaba influenciando o restante da equipe de forma negativa. É preciso que todos falem a mesma língua para que uma mudança radical aconteça.

Ela observou sua plateia antes de prosseguir:

– Se a pessoa disser: "Dei 7 porque não tenho tempo suficiente", lembre-se de que isso não passa de uma desculpa e que é preciso se livrar dela. A pessoa está dizendo que não tem tempo de fazer o próprio trabalho. Dar justificativas para isso virou parte da rotina dela. Cabe a você dizer a ela que, pelo bem da equipe, precisa deixar de lado os pretextos e manter o foco em obter resultados expressivos todos os dias. É comum as pessoas inventarem desculpas por duvidarem da própria capacidade. A única forma de superar isso é se empenhando para fazer da melhor maneira possível toda tarefa que lhe seja atribuída.

Ela fez uma pausa para que a plateia entendesse aonde queria chegar.

– Um dia todos nós vamos ter que encarar alguém que seja osso duro de roer. Olhem em volta. Prestem atenção na linguagem corporal das pessoas aqui. Há alguém que dê indícios de ser assim?

Várias pessoas olharam para Roger, mas ninguém se pronunciou. Por fim, ele percebeu os olhares e descruzou os braços.

– Eu?

– Sim, Roger, você. De 1 a 10, que nota você se daria?

Roger olhou em volta para os rostos apreensivos de sua equipe de líderes e depois disse:

– Bem, acho que tem que ser 10.

A consultora e alguns gerentes riram.

– Isso não está me parecendo um 10 – disse ela. – E para vocês?

Todos balançaram a cabeça.

– Veja bem, não quero pegar no seu pé nem pô-lo na berlinda – continuou a consultora. – Mas se não estiver de corpo e alma nesse barco, vamos ter problemas. Não é o tipo de coisa que se possa fingir. **A abordagem que estamos propondo aqui pres-**

supõe conversas sinceras e que todos possam falar abertamente com quem quer que esteja saindo do rumo, porque pode acontecer com qualquer um. É por isso que precisamos ter colegas de equipe que nos apoiem. Você está nessa?

Roger assentiu, sentindo os olhos de todos sobre ele de um jeito que nunca tinha vivenciado antes.

– Tudo bem, então estamos de acordo que você não é um 10 e que precisamos que você seja, caso contrário, os membros da equipe perceberão isso e pensarão que a mudança é passageira, como outras iniciativas anteriores. Eles farejam a quilômetros a diferença entre uma equipe de gerentes que só fala da boca para fora e uma que está realmente comprometida com uma mudança total.

Roger olhou em volta, engoliu em seco e disse:

– Eu é que comecei todo o processo, então tenho que ser 10, de qualquer jeito.

Dessa vez o número de pessoas rindo foi maior. A consultora perguntou para a plateia:

– Então, pessoal, o que vocês acham? Ele é um 10 de verdade?

Todos responderam em coro:

– Não.

– Entendi. Precisamos discutir isso. Há uma grande diferença entre "ter" que ser um 10 e "se comprometer" a ser um 10. Quando você pensa que "tem que ser um 10", está sendo racional. O problema é que, se um fato qualquer mudar, talvez você escorregue de volta para abaixo de 10 porque teve uma "prova" de que as coisas podem não dar certo. Mas quando você "se compromete" em ser um 10, significa que você está nessa por inteiro, de coração. Você está comprometido com a mudança total e nada nem ninguém poderá impedi-lo. Então vou perguntar de novo. De 1 a 10, qual seria a sua nota?

– Bem, então acho que seria 10 – disse Roger.

A consultora soltou uma gargalhada.

– Você é bom mesmo nisso, não? Deve ter doutorado em como

se manter em cima do muro. Mas sei que não é assim que você dirige a empresa. O que tem a dizer?

– Tudo bem, acho que a única resposta certa é 10.

– Está difícil! – disse a consultora. – Acho que não estamos progredindo. E quanto a vocês? O que acham? Roger chegou ao 10?

Um burburinho se forma, sem que ninguém se pronuncie diretamente. Afinal, ele é o chefe.

– Nunca vamos conseguir com esse desânimo, Roger.

Ela se virou para os outros na sala e disse:

– O.k., pessoal, são vocês que vão trabalhar juntos. Agora prestem atenção: a questão não é o Roger. Ele simplesmente está fazendo o que *todo mundo* faz uma hora ou outra na vida, quando deixa de se comprometer com a equipe. Todos nós já passamos por isso. E vamos passar de novo. É nessas horas que mais precisamos de apoio. O motivo de ainda não terem alcançado grandes resultados é que não entenderam que a dificuldade de um é a de todos. Ficam esperando que alguém tome a iniciativa e se fazem de vítimas. Em vez de lidar com os problemas, vocês reclamam. Agora vou me sentar naquele canto e deixar que conversem entre si. Vocês têm que aprender a ser francos e a ajudar os outros a avançar. E, Roger, eles precisam que você seja sincero. Não lhes ofereça palavras, seja o exemplo.

Roger se sentiu enrubescer. Mas a ideia tinha sido dele. Seria um idiota se saísse da sala. Então se preparou para o que viria e seus colaboradores começaram a dizer coisas do tipo: "Precisamos de você nessa."

Depois que todos tiveram a oportunidade de tentar persuadir e encorajar Roger, a consultora se juntou ao grupo e perguntou:

– Roger, você acredita que eles estão sendo sinceros?

– Acredito.

– Você acha que eles estão todos errados?

– Não.

– Então, poderia deixar claro para esta equipe que você é nota 10?

O rosto de Roger ficou mais vermelho do que nunca. Mas sabia que eles estavam certos e aquela sensação encheu seu peito. Ele assentiu e olhou em volta nos olhos de todos.

– Obrigado – disse ele. – Sou 10 e vocês podem contar comigo.

Dessa vez sua voz saiu com tanta convicção e sinceridade que ficou claro que ele acreditava no que dizia.

Naquele exato momento e pela primeira vez, as chances de Roger dar uma reviravolta na empresa e criar uma cultura melhor, com mais motivação no ambiente de trabalho, passaram de quase zero a milhares.

A mudança de atitude de Roger simbolizou o que todos tinham que fazer para se comprometerem todos os dias com os colegas. Meses depois, todos ainda comentavam sobre a incrível transformação que ele sofrera depois de aderir de coração àquela causa.

Experimente fazer o seguinte:

- Pense em quanto você tem se comprometido com o trabalho. Seja sincero, mesmo que a resposta não o agrade.

- Qual o grau de comprometimento que você quer que seus colegas tenham?

- Pense em formas de discutir abertamente o que as pessoas na equipe pensam, suas preocupações e considerações. O objetivo é que todos caminhem na mesma direção e com o mesmo entusiasmo, em vez de alguns cumprirem apenas parte de suas tarefas e outros ficarem sobrecarregados.

Capítulo 9

Dê um pontapé inicial com toda a força

O segredo do negócio é saber algo que mais ninguém sabe.
– Aristóteles Onassis

Roger Milford olhou para aquele mar de rostos e percebeu que era a primeira vez que via todos os funcionários reunidos. Mesmo na festa de fim de ano da empresa alguns deles faltavam. Ele tinha avisado que hoje todos tinham que estar presentes. Até Fred Walters, que estava de licença médica, tinha conseguido comparecer. Os rostos refletiam uma gama de emoções: tédio, resignação, medo e nervosismo. Ele também estava inquieto, apesar de pela manhã ter feito para os gerentes um discurso semelhante ao que faria agora.

– Pessoal – disse ele, e o zum-zum-zum cessou. – O dia de hoje marca o início de uma transformação da qual todos vocês farão parte. E ela começa com duas palavras que não costumamos ouvir na mesma frase: trabalho e amor.

Ele estudou sua plateia. Algumas pessoas davam de ombros, outras reviravam os olhos. Sabia que os gerentes também estariam observando as reações de todos.

– Em vez de arrastando os pés, gostaria que passássemos a vir para o trabalho com prazer. Acham que isso é possível? Bem, comecem a pensar na ideia com carinho, porque nossa meta é essa. **Nossa visão é nada mais nada menos do que transformar o ambiente de trabalho em um lugar em que gostamos de estar.**

Vocês irão ver e ouvir essa visão constantemente daqui por diante. Gostaria que visualizassem a seguinte imagem: é segunda-feira de manhã e vocês estão sorrindo ao entrar pela porta da frente.

Quase todo mundo riu, por diferentes motivos. Muitas risadas demonstravam mais do que uma ponta de dúvida e zombaria. Tudo bem. Ele sabia que isso poderia acontecer. Era bom causar uma reação. Ele sorriu e continuou:

– A forma como vamos fazer isso é diferente das muitas coisas complicadas que já tentamos. Em comparação a elas, é bastante simples, na verdade. Mas vamos levá-la a sério e cada um de vocês estará envolvido. É o seguinte: vamos estimular e comemorar tudo de positivo que fizermos e desestimular e eliminar todos os aspectos negativos do que acontecer no ambiente de trabalho. Todos nós seremos avaliados e ficaremos mais abertos e sinceros em relação a ajudar os outros nessa transformação. Posso garantir que vocês, suas famílias, seus amigos e seus clientes vão perceber a diferença. Vamos estimular os desempenhos positivos uns dos outros e sanar as práticas negativas, o dia todo, todos os dias. Simples assim.

As risadas ficaram mais nervosas, mas isso só fez com que Roger abrisse um sorriso ainda maior.

– Tenham sempre em mente essa imagem de um local de trabalho mais divertido e com mais motivação. Ao longo dessa trajetória, vocês perceberão que estamos cientes das dificuldades de ajuste que alguns podem enfrentar e que seremos gentis e atentos, mas firmes. Cada um de nós terá padrões de expectativas sobre como agiremos uns com os outros e com os clientes. Seremos avaliados dentro desses padrões e não permitiremos comportamentos prejudiciais, como lamúrias, desculpas e fofocas. O que for problemático ou mesquinho ficará de fora e o que for positivo será celebrado. Todos vão dar 100% de si oito horas por dia.

O auditório emudeceu. Seria possível ouvir um alfinete caindo no chão.

– É muita coisa para realizarmos em um só dia, mas estamos oficialmente dando o pontapé inicial hoje. Cada um de vocês tem uma escolha a fazer e terá a chance de discutir isso com seu gerente. Até amanhã, vamos formar uma equipe de incentivo com representantes de departamentos variados. Eles serão responsáveis por continuar o que começamos hoje. Eles ajudarão a enaltecer as boas iniciativas e a lançar novas, para manter nossa energia e nos auxiliar com qualquer obstáculo que surja. Somos seres humanos. Vamos encontrar problemas pelo caminho, mas queremos manter essa energia que nos permite avançar e melhorar.

Ele lhes deu um tempo para que conversassem baixinho enquanto os gerentes observavam. Depois continuou.

– Eis alguns dos princípios que vão orientar nossa transformação.

E passou a ler uma lista:

• Divirta-se! O trabalho deve ser feito com prazer. Encare-o de forma séria e veja a si mesmo com menos rigidez.

• Seja único. Mostre sua singularidade ao cliente.

• Nada de fofocas. Isso cria um ambiente de trabalho pouco saudável. Os conflitos devem ser resolvidos às claras e todos os dias.

• Não fique se lamentando.

• Faça perguntas construtivas e seja um bom ouvinte.

• Crie rotinas de trabalho que ajudem a aumentar sua eficiência e atualize-as sempre.

• Use frases afirmativas. Em vez de dizer o que não quer, diga o que quer.

• Aceite conselhos. Quando uma pessoa lhe der uma opinião sobre como fazer algo de um jeito melhor, não a interrompa para dizer que discorda. Faça perguntas, aprofunde-se e procure melhorar.

• Comemore os sucessos com entusiasmo e sempre.

• Nunca aceite a mediocridade.

• Esbanje elogios pelo menos cinco vezes por dia. Reconhecimento e apreço são os motores da produtividade.

• Pergunte-se com frequência: "Estou usando meu tempo da melhor forma possível?" Identifique as atividades que considera desempenhar com no máximo 80% de aproveitamento e encontre formas de melhorá-las.

Algumas cabeças balançaram com entusiasmo, concordando. A maioria das pessoas permanecia estática, como se algo muito estranho estivesse prestes a acontecer e elas não quisessem expressar qualquer emoção até entenderem direito o que estava se passando. Outras continuavam a revirar os olhos e olhavam em volta em busca de cúmplices, provavelmente imaginando as conversas de corredor do dia seguinte.

– Tudo bem. Querem que a gente fique motivado. Então imagino que alguém vai nos mostrar como – alguém falou.

– Se começarmos a prestar atenção em como exaurimos a energia do ambiente de trabalho – disse Roger –, poderemos admitir honestamente que *todos* nós fazemos isso e com frequência. E se, ao ouvir isso, tudo o que você consegue pensar é que eu acabo de dizer que também faço isso, então não entendeu nada. Olhe para si mesmo e se pergunte o que precisa mudar para passar energia, em vez de sugá-la.

Então a diversão começou. Nas duas horas e meia que se seguiram, com os membros da equipe que tinham ajudado a criar a visão ajudando os outros a entenderem-na e a se comprometerem com ela, as pessoas começaram a pular das cadeiras de empolgação. Sabiam que seria quase impossível tornar aquele sonho realidade, mas quando lhes perguntaram se estavam dentro, todos na sala responderam com um eufórico sim. Era difícil acreditar no que estava acontecendo, já que de início a maioria parecia um bando de zumbis que só poderiam se empolgar se alguém falasse em suas aposentadorias.

Depois de todos haverem concordado com a visão que iriam

pôr em prática, passaram a discutir em conjunto os padrões pelos quais se pautariam: como lidariam com questionamentos de clientes, enfrentariam problemas e erros e tratariam uns aos outros.

Identificaram tudo de "enlouquecedor" que existia no ambiente de trabalho, inclusive seus próprios comportamentos, e que fazia a empresa parecer mais uma creche para adultos que um ambiente profissional em que as pessoas se sentem seguras e orgulhosas de seus feitos.

Discutiram a proposta de não fazer fofoca, não se queixar, não dar desculpas esfarrapadas, não fazer acusações... e por aí afora. Listaram todos os comportamentos improdutivos e fizeram um pacto para afastá-los.

Ao final das duas horas e meia, todos estavam tão animados que não conseguiam se conter.

– Uau, que noite! – disse Roger. – Vocês gostaram?

– SIM! – exclamaram todos em uníssono, com sinceridade.

– Vamos tornar esse sonho realidade?

– SIM!

– Bem, isso é só o começo. A partir de amanhã, quando o telefone tocar, pode ser o cliente surpresa e, se for, saiba que serão avaliados de acordo com os padrões que estabelecemos juntos esta noite. Temos que ser impecáveis. Espero que todos recebam um 10. Que nota vamos receber?

– Dez!

– E quando isso acontecer, vamos comemorar e premiar. Isso é só o começo. Seremos uma empresa líder. Estamos no caminho certo. Vamos chegar lá?

– SIM! – gritaram todos.

– Vamos fazer nosso sonho se tornar realidade?

– SIM!

– Eu não poderia estar mais feliz. Sempre fomos bons, mas bom é muito menos que excelente. Hoje é o começo de uma jornada para a excelência. Então, a partir de amanhã, vamos tornar óbvio para todo cliente e todo visitante que este é o melhor lugar do mundo para se trabalhar, se quiser se divertir e fazer com que milagres aconteçam. Estão todos nessa?

– SIIIIM!

– Eu também. Nos vemos amanhã. Vamos mostrar ao mundo todo o que temos de melhor.

A música começou a rolar. As pessoas se abraçavam. Alguns diziam coisas do tipo: "Trabalho aqui há 18 anos e odiei cada dia, mas mal posso esperar por amanhã."

Algumas pessoas que Roger achava que seriam as maiores encrenqueiras e nunca iam comprar aquela ideia não só haviam concordado com ela como estavam animadíssimas. Quem diria?

Experimente fazer o seguinte:

- Pare e pense na visão que sua equipe estabeleceu. Forme uma imagem clara dela em sua mente. As pessoas parecem mais felizes?

- Converse com sua família sobre as transformações no seu ambiente de trabalho. Vocês não poderiam fazer o mesmo em casa e mudar a forma como tratam uns aos outros?

- Imagine o dia seguinte no trabalho após um evento de pontapé inicial como o que apresentamos. Que tipo de comentários você acha que escutaria?

VAI DAR CERTO

Talvez você esteja pensando: "Isso *só pode* ser brincadeira. Não vai funcionar na minha empresa. Tem gente manipuladora e egoísta lá dentro. Eles não têm salvação, nem querem. E não vou conseguir fazer mudança nenhuma sozinho. Além disso, primeiro: não sou chefe, nunca conseguirei que a minha empresa dê o pontapé inicial. Segundo: mesmo que tentássemos, isso geraria tanta resistência que bateríamos o recorde de pior resultado."

Estou nesse ramo há algumas décadas e já ouvi papos assim centenas de vezes.

Bem, você não é o primeiro a pensar desse jeito. Portanto, supere isso. Você pode continuar a pensar pequeno, a dar desculpas para não conseguir nada, ou pode sair dessa. O que seria deste mundo se não houvesse gente disposta a revolucionar e fazer as coisas de um modo muito melhor?

É sempre marcante para mim quando vejo as pessoas boquiabertas na reunião de pontapé inicial e escuto os murmúrios de descrença. Mas quando elas fazem o pacto para serem mais sinceras umas com as outras e começam a trabalhar de forma diferente, responsabilizando-se por suas tarefas e ajudando-se mutuamente, eliminando as desculpas e a politicagem, passam a ser o que nunca foram antes: uma família.

Capítulo 10

A CELEBRAÇÃO DE CADA DIA

Comemore. Comemore. Dance com a música.
– Three Dog Night

No dia seguinte bem cedo, Roger Milford enviou um e-mail de encorajamento e comemoração para todos os funcionários. Depois andou pelos corredores, ouvindo e fazendo perguntas. Vinha tendo uma dor insistente na coluna, mas, mesmo assim, pôs no rosto seu melhor sorriso e saiu de sua sala incentivando as pessoas, esticando o braço e dizendo "Toca aqui!". Roger pensou em quanto tempo fazia desde que ele tivera uma manhã assim no trabalho, mas logo entrou no clima.

Estava chovendo, mas os funcionários entravam no prédio, sacudiam seus guarda-chuvas e se cumprimentavam com entusiasmo. Era visível que muitos deles ainda tentavam entrar no espírito da nova cultura da empresa. A largada para a transformação havia sido dada em um dia, mas seria preciso mais tempo para fazer a mudança completa. **Não haveria mágica, varinha de condão ou pó de pirlimpimpim capaz de mudar tudo de uma vez.** Haveria gente irritadiça ou desmancha-prazeres questionando a ideia e se opondo a ela. Roger sabia que alguns simplesmente não iriam se adaptar. Os gerentes tinham começado a se reunir com funcionários que davam sinais de estar em cima do muro e ele estava preparado para alguns conflitos, mas também para substituir os funcionários que não apoiassem a nova cultura. Seria para o bem de todos.

Logo no início do dia, a equipe de incentivo de Roger se reuniu e começou a planejar as comemorações, iniciativas e treinamentos que teriam. Com o passar dos anos, Roger havia assumido um estilo muito "mão na massa". Às vezes se via gerenciando mais detalhes do que deveria, porque acreditava que era o único capacitado para determinada tarefa. Mas a nova abordagem da empresa exigia que ele confiasse mais nos outros, lhes desse feedback e controlasse os ânimos para que todos pudessem se ajudar mutuamente. Para ele, era um grande esforço não controlar tudo diretamente. Pensou que isso era particularmente importante em relação à equipe de incentivo. Para sua surpresa, ele descobrira que contribuía mais quando orientava e encorajava do que quando assumia o papel de chefe. Percebera que as pessoas se sentiam ainda mais vitoriosas quando ele as cumprimentava por seu sucesso e que isso levava a ações mais eficazes, que, por sua vez, agradavam os clientes.

Uma manhã, enquanto caminhava por um imenso corredor passando por fileiras de baias de um lado e escritórios de portas abertas do outro, um jovem executivo gritou para ele:

– Já disse que você vem fazendo um ótimo trabalho, Roger?

Ele estacou e sentiu o sorriso desaparecer do rosto e ser substituído por um rubor quente. Então percebeu que todos à sua volta estavam rindo por diversão, não por zombaria. E foi a vez dele de cair na gargalhada. "Vai dar certo", ele pensou. "Agora tenho certeza de que vai dar certo."

Experimente fazer o seguinte:

- Tenha boas expectativas em relação às pessoas à sua volta e recompense-as com reconhecimento e apreço verdadeiros.

- Incentivar a equipe não é bobagem ou sinal de fraqueza. É uma demonstração de alegria diária.

- Respeite e seja gentil. Vocês estão todos no mesmo barco.

- Não espere pela comemoração de fim de ano para dizer às pessoas quanto valoriza seus desempenhos.

- Seja sincero e não tenha medo de demonstrar seus sentimentos.

- Trate a todos da forma que gostaria de ser tratado e admita isso – como qualquer pessoa, você também gosta de receber elogios.

MAS O QUE É UMA EQUIPE DE INCENTIVO?

Sempre sugiro que as equipes de incentivo sejam compostas de 7 a 10 voluntários, selecionados entre os funcionários mais entusiasmados e que sejam bons de verdade em fazer as coisas acontecerem. Eles devem vir de departamentos variados e ter as mais diversas funções, mas apenas um deve ser executivo. Formar uma equipe basicamente de gerentes significaria ter muito pensamento estratégico e, provavelmente, menos engajamento por parte do restante da empresa.

A tarefa dessa equipe é sustentar e acelerar as mudanças de desempenho que surgirem de acordo com a nova cultura. O foco dela é documentar e comemorar cada iniciativa bem-sucedida para que todos as conheçam e reproduzam, deixando de lado as práticas que não funcionam. Você pode dar um nome à equipe se quiser, mas o importante é que ele gere entusiasmo, ajudando a transformar a cultura de sua empresa.

O objetivo é gerar uma mudança desde as bases, de forma que todas as pessoas de todos os níveis se sintam parte da transformação. A diversidade da equipe (em relação a especialidades, departamentos, idade, sexo) favorece que ela represente a multiplicidade dos funcionários e seja um grupo de "agitadores" que impulsionam a mudança. É importante que se faça um rodízio nele, para que mais pessoas tenham oportunidade de participar.

A equipe de incentivo deve ajudar a estabelecer os padrões finais para as vendas ou os serviços da empresa e fazer com que todos trabalhem de forma engajada e coerente com sua visão e seus valores. Nas reuniões dessa equipe, deve-se avaliar cada iniciativa ou atividade tendo em vista:

- Se está apoiando a visão.
- Se condiz com os valores.
- Se os funcionários têm prazer em realizá-la.
- A forma como o cliente a avalia.

Capítulo 11

A CELEBRAÇÃO DE CADA DIA CONTINUA

Quanto mais você louvar e celebrar sua vida,
mais haverá a celebrar nela.
– Oprah Winfrey

Dolores Scranton conseguiu seu primeiro emprego em 1976, em uma editora pequena mas bastante conhecida. O prédio ficava tão no coração do Sul dos Estados Unidos que se podia sentir o cheiro das magnólias e dos ramos de barba-de-velho que pendiam das árvores ao redor de um laguinho próximo. Mas o clima dentro da editora era tudo menos ameno.

Era uma empresa familiar, dirigida por marido e mulher, que antes haviam morado perto de Nova York e tinham o estilo de gerenciamento de um senhor de escravos.

Dolores queria trabalhar com livros e aquele emprego também lhe permitia ficar perto do marido, com quem se casara pouco tempo antes. Não sabia como seria um ambiente de trabalho normal, mas sentira desde o início que havia algo errado ali. O marido reclamava do emprego e ela também imaginava que o seu não era lá essas coisas.

Seus dois chefes tinham salas enormes, com tapetes persas e mesas de madeira maciça. Os funcionários, como Dolores, que faziam copidesque, revisão e até contratavam novos títulos, ficavam em cubículos tão apertados que era possível ouvir a respiração dos colegas ao lado. Os funcionários tinham 20 minutos de almoço e eram demitidos se demorassem mais que isso. Não havia refeitório para eles, então comiam do lado de fora ou na mesa de trabalho. Os chefes tinham uma copa exclusiva e um cozinheiro que lhes preparava refeições sofisticadas.

De noite, um dos sócios fazia uma ronda de mesa em mesa para verificar se ninguém estava usando mais do que o único lápis a que tinha direito e se as mesas estavam arrumadas e as persianas tinham sido puxadas para economizar energia. Na única vez em que Dolores se esqueceu de fechar sua persiana, encontrou seu telefone na cesta de lixo no dia seguinte. Uma colega disse que aquele era o sinal de que, se o patrão achasse a persiana aberta de novo, ela iria para o olho da rua.

Quando Dolores se divorciou, em meados da década de 1980, sentiu que não havia nada que a impedisse de procurar uma editora melhor. Então, deu uma incrementada em seu currículo e conseguiu um emprego em Nova York. Encontrou um pequeno apartamento e se apresentou para o primeiro dia de trabalho já esperando o pior.

Quase caiu para trás.

O presidente da empresa apareceu no escritório no primeiro dia, cumprimentando a todos alegremente e dizendo coisas como "mandou bem, Alice" e "bom trabalho, Larry". Ele não apenas sabia o nome de todo mundo, como os estimulava com elogios. Nem em seus maiores devaneios Dolores teria imaginado que aquilo seria possível. E o mais estranho de tudo era que todos conversavam com o chefão como se ele fosse igual a eles – e isso estava acontecendo em Nova York!

Levou um tempo para Dolores perceber que estava em um ambiente de trabalho em que havia muito mais motivação, mas ela acabou se destacando na empresa, virando gerente e, alguns anos depois, presidente. Então também ganhou uma sala enorme – que, ainda assim, pareceria um caixote perto da que seus primeiros chefes tinham.

Descobriu também que, entre os estilos de gerenciamento que

conhecera, era com aquele em que havia respeito mútuo, estímulo, cumprimentos efusivos, equipes de incentivo e prazer no trabalho que se identificava. Aprendeu que o limite entre ser incentivador e paternalista era muito tênue e que, quando tinha que ser séria, conseguia. A vida estava melhor, o trabalho era uma alegria e seus resultados estavam bombando.

Ela havia se casado de novo e seus filhos já estavam grandes. Um dia, quando assistia a um jogo de futebol da filha na faculdade, um editor concorrente a avistou na arquibancada e a cumprimentou com uma brincadeira que tinha todo um fundo de verdade.

– Você está me dando outra surra este ano e, por mais que eu tente roubar seus funcionários, não consigo nunca. Qual é o seu segredo?

Dolores sorriu para si mesma. Ele estava ali para torcer pela filha, mas aparentemente não percebia que essa abordagem também funciona no trabalho. **Os funcionários também gostam de elogios, reconhecimento e encorajamento.**

Ela voltou para seu lugar e assistiu ao jogo. O segredo de seu sucesso não era tão secreto assim. Estava diante de todos naquele campo enquanto as jogadoras incentivavam umas às outras, os treinadores gritavam palavras de estímulo, os pais demonstravam seu apoio e a torcida vibrava. E as jogadoras estavam se divertindo – como deve acontecer em um ambiente de trabalho em que há motivação.

Experimente fazer o seguinte:

- Seja o exemplo do comportamento que espera que os outros tenham ao incentivarem e encorajarem uns aos outros.

- Sua equipe de incentivo deve divulgar os novos padrões da empresa, para que a energia do pontapé inicial não se perca. O processo envolve implementar uma sucessão de mudanças que favoreçam a transformação de sua cultura. Faça isso de forma divertida, sem dar sermão.

- Faça uma reunião com todos os funcionários a cada trimestre.

- Estimule os funcionários a participarem de seminários, workshops e programas de treinamento que instilem os novos valores de sua cultura.

- Exiba as iniciativas bem-sucedidas. Você pode criar um mural para exibi-las. Conte histórias de sucesso sempre.

- Explique as expectativas e deixe clara a forma como serão mensuradas. Membros de grandes equipes esportivas se desafiam a cada partida. No trabalho isso também funciona.

MUDANDO O FOCO

Vamos deixar de lado a história de Roger Milford um pouco para nos atermos aos princípios que impulsionam a transformação de que estou falando. Você verá diversos exemplos que ilustram como ela pode acontecer em qualquer lugar.

Quero mostrar, de várias formas, o que se pode fazer para ressaltar aspectos positivos e, depois, como trabalhar aspectos negativos. Lembre-se também de que uma mudança de cultura dessa magnitude costuma afetar a gerência e a diretoria até mais que os outros funcionários.

Voltaremos a Roger de vez em quando para ver como ele e sua empresa se saíram. Só para que você saiba, Kathy Phillips e Sara Green receberam enormes buquês de flores da mulher dele, com um cartão que dizia: “Não sei o que vocês ensinaram ao meu marido, mas gosto muito mais do novo Roger!”

CAPÍTULO 12

AVALIE TUDO!

Diga-me como uma pessoa é avaliada e
lhe direi como ela se comportará.
– Autor desconhecido

Bobby Keller começara a trabalhar naquele mercado no meio de seu último ano de escola. Agora, enquanto passava mecanicamente as mercadorias do cliente pelo leitor de códigos de barras, batia papo com dois colegas que acabavam de ser aceitos na universidade.

Foi quando Gladys, a supervisora dos caixas, colocou uma plaquinha de "caixa fechado" na esteira dele.

– Opa, nem percebi que estava na hora do meu intervalo. Vou sair para conversar com meus amigos lá fora – disse ele.

– Não é o seu intervalo. Quero falar com você.

Ela voltou para seu cantinho do lado do quadro de avisos, de onde cuidava dos 15 caixas sob sua responsabilidade.

– Ih, parece que a Srta. Hitler está brava comigo – disse Bobby a seus amigos, que saíam pela porta sem ele. Falou alto o suficiente para Gladys ouvir, mas não se importava.

Fechou a gaveta, passou os dedos por seus cabelos longos e caminhou até Gladys, que acabou de falar com um empacotador e se voltou para ele.

– O que foi? – disse ele.

– Um cliente veio me perguntar se eu sabia que as frutas amassam. Eu disse que sim e ele respondeu: "Bem, aquele rapaz ali não sabe." E apontou para você, Bobby.

– Olha, se eu...

– Não fique na defensiva. Estou falando isso pelo seu bem.

– O.k., imagino que sim. Mas tanto faz.

– Tenho uma lista enorme de reclamações contra você, Bobby. Além de amassar as frutas e latas, você se atrapalha com os cartões, conversa com outras pessoas enquanto atende os clientes e até faz piadas desagradáveis sobre produtos que as pessoas estão comprando, o que não se deve fazer em hipótese alguma.

Pela primeira vez, um arrepio de medo percorreu a coluna de Bobby. Droga. Tinha as prestações do carro para pagar e estava economizando para morar sozinho.

– Vou ser demitido?

– Quero que pense a respeito do que vem dizendo aos clientes, como o comentário que fez à Sra. Andrade sobre ela precisar mesmo de um monte de sorvete. Qualquer um pode ver que ela está acima do peso, mas o sorvete era para a festa de aniversário da filha. Você a magoou.

– Mas não faz muito tempo que tivemos aquela reunião sobre todo mundo se divertir mais no trabalho. Eu só estava brincando, tentando deixar o clima mais leve. Não é isso que a gente tem que fazer?

– Acho que você sabe diferenciar uma piada de um comentário sem graça que magoa as pessoas.

Ele tentou ficar calmo, mas começou a sentir um frio na barriga e um nó na garganta.

– Vou ser demitido? Só me diga isso.

– Não. Estou lhe dando uma tarefa para o restante da semana. Nossa outra loja está passando pelo mesmo processo de mudança. Quero que vá lá e aja como cliente surpresa. Tudo que tem a fazer é chegar em momentos diferentes e tomar notas sobre as atitudes dos funcionários do caixa. Combinado?

– Legal – disse ele, aliviado.

No primeiro dia da semana seguinte, Bobby chegou 15 minutos mais cedo para falar com Gladys e entregou a ela suas anotações.

– O que achou? – perguntou ela.

– Alguns dos caixas são maravilhosos. Outros são horríveis.

– Horríveis como?

Ele olhou para baixo e depois para os olhos castanhos da supervisora, que esperava pacientemente.

– Bem, eles fazem mais ou menos as coisas que as pessoas reclamam de mim.

– Você quer se comprometer em melhorar esses pontos negativos?

– Quero, quero sim – respondeu ele, com sinceridade.

Depois disso, seu trabalho passou a se destacar pela qualidade e ele recebeu muitos elogios.

Até a Sra. Andrade puxou Gladys para um canto um dia e disse:

– Não sei o que você fez com aquele rapaz, mas agora ele realmente parece estar gostando de trabalhar. Foi da noite para o dia. Você o mandou para algum tipo de treinamento intensivo ou algo parecido?

– Bem, digamos que ele descobriu que se divertir não significa só fazer piada, que pode vir de um trabalho benfeito. Desde que começou a receber elogios, parece que ele está brilhando. Bobby se comprometeu e está se dedicando de verdade. Tem encorajado os outros caixas e já não fica dando a entender aos amigos que está nos fazendo um favor em vir trabalhar. Na verdade, agora ele parece feliz de estar aqui.

– Bem, na minha opinião – disse a Sra. Andrade –, ele só é o mesmo rapaz por fora. Por dentro, mudou completamente.

Um dos maiores segredos para construir um bom ambiente de trabalho é manter a honestidade. É preciso que as pessoas se sintam à vontade para serem sinceras quanto a tarefas não cumpridas, que todos sejam encorajados a discutir francamente os esforços de cada um e que possam conversar abertamente para dar e receber feedback.

Quando você concorda em fazer algo e depois se depara com um obstáculo, pressupõe que não há solução e tira o time de campo? Ou pensa "trato é trato", lembra que sua integridade está em jogo e procura uma forma de superar a dificuldade?

Muita gente acha que o surgimento de um problema invalida o que foi combinado antes. "Eu disse que ia terminar esse projeto, mas esqueci que tinha de ficar com as crianças no fim de semana." "Fulano não me mandou a parte dele do relatório, então não consegui terminar a minha." "Sei que essa era minha meta trimestral, mas a economia..."

Desistir diante de dificuldades é a forma mais eficaz que existe para nunca ter sucesso na vida. Quando alguém que não entende isso se depara com um problema, diz algo do gênero: "As coisas ficaram complicadas demais, então vi que não valia a pena continuar."

Mas as pessoas bem-sucedidas reagem de forma diferente: vão com tudo em busca de seus objetivos, sabendo que o restante do pessoal as seguirá. Mesmo sua linguagem é diferente. Eles dizem: "As coisas mudaram, como sempre acontece, então o que preciso fazer para dar conta do projeto?"

Persistência e comprometimento são características indispensáveis a quem quer ter sucesso. **Quando um obstáculo surgir, não se entregue, procure maneiras de transpô-lo.** Por quê? Porque é o que você disse que faria.

Sua palavra tem que valer. Assim como cumpri-la constrói

reputações, deixar de cumpri-la as destrói. As relações humanas são baseadas em confiança, que é resultado de compromissos cumpridos.

Chova ou faça sol, não permita que nada detenha você. Em vez de chutar o balde quando as dificuldades se acumularem, lembre-se de se comprometer 100% com sua própria palavra, não menos que isso.

Experimente fazer o seguinte:

- Cumpra seus tratos. Quando fizer uma promessa, vá até o fim nela. Quando disser que vai fazer algo, faça. Pense "Vou conseguir!" em fez de "Vou tentar". Comprometa-se de todo o coração e recuse-se a desistir quando as coisas saírem errado.

- Pense em como alcançar as metas de que foi encarregado. Faça listas, analise o que exigirá mais trabalho e estabeleça a ordem em que as coisas precisam ser feitas. Não descanse até realizar essas tarefas. Sua autoestima melhorará à medida que você se descobrir, semana a semana, cada vez mais capaz de enfrentar os obstáculos que surgirem.

- Comprometa-se em ajudar os outros também. Se alguém não lhe entregar um relatório no prazo, insista educadamente até consegui-lo. Se isso não funcionar, monte acampamento ao lado da pessoa até que ela não aguente mais. Entre ter sua presença ostensiva e terminar o trabalho, ela certamente achará a segunda opção mais fácil.

- Seja criativo. Quando a economia entrar em recessão – o que sempre pode acontecer – pense em que outros mercados você pode explorar ou que novas abordagens deve assumir.

AVALIE O QUE IMPORTA

Se for relevante para seus resultados, avalie. Avalie tudo o que importar.

Por exemplo, você já deve conhecer as funções de um cliente surpresa. No comércio a varejo, eles apontam funcionários que não estejam desempenhando bem suas funções. Isso pode ser aplicado a qualquer empresa.

Contrate essas pessoas para avaliar não apenas o atendimento em seu negócio, mas também a forma como seus executivos interagem e seu próprio desempenho. Uma coisa é se comprometer em mostrar que você é gentil e se importa com os outros. Outra, bem diferente, é fazê-lo.

Primeiro, decida o que é importante. A forma como você atende o telefone é importante. Um telefonema mal atendido pode lhe custar um negócio milionário. A forma como cumprimenta as pessoas, como despacha suas mercadorias, como se recupera dos erros, tudo isso é importante. Pense no que mais.

Quando você estabelece claramente as expectativas, os treinamentos necessários e a comemoração do final e investiga um setor de seu negócio de cada vez, as pessoas ficam mais atentas ao que é realmente relevante. Faça o teste.

Sem avaliações, você terá apenas suposições. E você pode supor que as pessoas estejam ocupadas trabalhando quando, na verdade, estão arruinando sua empresa. Quando finalmente descobrir, talvez seja tarde demais.

Faça com que o fato de haver clientes surpresa seja divertido, uma oportunidade a mais para comemorar bons desempenhos e corrigir erros. Você conseguirá resultados melhores sem criar uma reação negativa à avaliação.

Parte III

Como melhorar qualquer ambiente de trabalho

Capítulo 13

Assuma uma nova atitude

A maior descoberta da minha geração é que um ser humano pode mudar sua vida simplesmente mudando suas atitudes.

– William James

Hoje os cientistas sabem que o pensamento leva a alterações imediatas no organismo. As emoções podem estimular ou atrapalhar a secreção de hormônios, interferir na atividade cerebral, acelerar ou diminuir a pulsação, fragilizar ou fortalecer o sistema imunológico... O pensamento pode afetar sua saúde e mudar sua vida.

E o que é ainda mais fascinante: toda pessoa tem a capacidade de reprogramar os filtros pelos quais ouve as coisas, mas primeiro precisa perceber que o que ouve nunca é exatamente o que foi dito.

Cada pensamento, imagem e experiência que passa por você é filtrado. Vejamos o caso do professor universitário que fez a mesma anotação na primeira página do trabalho de três alunos diferentes: "A questão é muito ampla."

Um aluno pensou: "Meu Deus! Vou repetir nesta matéria. Não entendi o que ele queria que fosse feito! Sempre faço isso! É melhor ir me preparando, porque não vou conseguir me formar."

Outro interpretou: "Ele queria que eu explorasse melhor outros aspectos da questão. Vou até a sala dele depois da aula da quarta-feira ver se posso complementar o trabalho. Talvez ele queira que eu me aprofunde um pouco mais para ter certeza de que mereço um 10."

O terceiro entendeu de outra forma: "Consegui desafiar a mente do professor com meu trabalho. É óbvio que abri seus olhos para questões que ele nunca havia imaginado."

O fato de haver sempre tantas interpretações possíveis à realidade, tantos filtros diferentes que aplicamos a ela, pode levar a grandes realizações ou desastres completos.

Isso vale também para o ambiente de trabalho.

Um supervisor desafia alguém de sua equipe a ser mais meticuloso em um projeto. O cérebro do funcionário, de acordo com os filtros que está habituado a aplicar, pode dar diferentes interpretações ao desafio. "Ele nunca gosta do que eu faço. Será que nunca é bom o bastante?" "Ele é implicante. Vou ignorar o que disse e ele vai acabar esquecendo." "Ele realmente quer que eu me destaque neste projeto. Beleza! Vou mostrar mais interesse. Acho que ele me considera um possível futuro gerente."

Cada um tende a ter seu filtro, único e ímpar, pelo qual passa todos os acontecimentos. Ele depende de como a pessoa se sente a respeito de si mesma. É construído com base nas mensagens positivas ou negativas que recebeu ao longo da vida.

Sabe-se que, quando alguém cresce ouvindo que não é bom o bastante, tende a interpretar uma solicitação fora da rotina como um ataque e a reagir considerando errada a pessoa que fez o pedido. "Como você pode ser tão insensível?" é o que lhe passa pela cabeça.

Sejamos honestos: ninguém está totalmente livre de se sentir incapaz uma vez na vida (afinal, todos já fomos adolescentes). ***Mas você* – e só você – pode escolher seus filtros.**

Em uma abrangente pesquisa, Martin Seligman, autor de *Aprenda a ser otimista*, mostrou que as pessoas que passam os fatos do cotidiano por um filtro positivo tendem a ser muito mais bem-sucedidas do que aquelas que sempre interpretam os eventos de forma negativa.

Seu trabalho demonstra que as pessoas de maior sucesso enxergam as coisas boas de suas vidas como permanentes – "É assim que sempre acontece comigo", dizem elas – e que, quando os acontecimentos não são assim tão bons, elas não os veem como algo provável de se repetir – "Isso não é comum", pensam.

A maior parte dos conflitos no ambiente de trabalho, no casamento ou em qualquer relacionamento é resultado de um filtro danificado por mensagens negativas. Quem tem um filtro assim ouve a pior interpretação possível e depois briga com a outra pessoa – mesmo que ela não tenha dito aquilo e nem pretendesse dizer. Discussões desse tipo podem durar horas, dias, meses, porque, mesmo que a pessoa jamais tenha mencionado o que a outra entendeu, esta insiste em provar que a primeira está errada.

O importante a saber sobre os filtros é que, a partir do momento em que você entende que eles existem, não precisa mais ficar ouvindo e imaginando o pior, impedindo que as coisas boas se realizem. Você pode optar por mudá-los e obter os melhores resultados.

Experimente fazer o seguinte:

- Em toda conversa importante que tiver, anote as palavras exatas que a outra pessoa usou. Então diga a ela: "O que você disse foi tal coisa, tal coisa e tal coisa. Está certo?"

- Depois diga à pessoa como você interpretou as palavras dela. Pergunte-lhe se sua visão está correta ou se acrescentou algo que ela não disse. Se ela o corrigir, diga-lhe sua nova interpretação e pergunte mais uma vez se está certa.

- Faça um registro das falsas interpretações que descobrir. Com certeza, haverá um padrão. Por exemplo:
    - Você pode ter pressuposto que alguém não gostava de

você quando, na verdade, ele estava falando de outro assunto, que não lhe dizia respeito em nada.

- Você pode ter entendido que a pessoa estava dando um alerta para que você mudasse um comportamento, mas ela nem sequer havia notado os seus atos.
- Você pode ter interpretado algo que ela disse como uma tentativa direta de atingi-lo, para depois descobrir que a pessoa nunca teve essa intenção.

- Prometa a si mesmo que, sempre que ouvir um pedido ou a opinião de outra pessoa, vai passá-lo pelo melhor filtro possível, um que reafirme que ela está do seu lado e quer o seu bem.

SE ATITUDE FOSSE UM VÍRUS, AS PESSOAS IRIAM QUERER PEGÁ-LO DE VOCÊ?

Hoje é um bom dia ou um dia ruim? Nem um, nem outro. É só um dia. O significado é você quem atribui.

Talvez tenham acontecido algumas coisas que você interpretou como boas: seu filho tirou notas altas nas provas e um cliente seu fechou um ótimo negócio.

Ou talvez este seja um dia em que houve uma série de coisas que você interpretou como ruins – você e sua esposa (ou marido) discutiram logo pela manhã e, quando saiu de casa, um ônibus espirrou lama na sua roupa.

Independentemente das circunstâncias, quando você atribui significado a um acontecimento, está também escolhendo sua atitude. Aconteça o que acontecer, você ainda pode comemorar o simples fato de estar vivo. Seus colegas e clientes merecem que você interprete o dia como sendo bom e torne sua atitude contagiante, algo que vale a pena ser copiado.

Atitude é algo que os clientes percebem de imediato. Se quiser que eles se despeçam com um sorriso e na próxima vez tragam amigos, você precisa estar sempre alerta ao que as pessoas em sua equipe deixam transparecer. Se a maioria delas tiver atitudes positivas mas o cliente for exposto a alguém de atitude ruim, isso se refletirá no modo como ele percebe todo o grupo e a cultura da empresa, causando um impacto negativo sobre ela.

SUA ATITUDE,
por Charles Swindoll

Quanto mais vivo, mais percebo o impacto que a atitude causa na vida.

A atitude, para mim, é mais importante do que os fatos. É mais importante do que o passado, a formação acadêmica, o dinheiro, as circunstâncias, os fracassos, os sucessos, o que os outros pensam, dizem ou fazem. É mais importante do que a aparência, os talentos ou as habilidades. Ela é a causa do fracasso ou do sucesso, seja de uma empresa, uma igreja ou uma família.

O mais importante disso é que todo novo dia nos dá opções em relação à atitude que adotaremos. Não podemos mudar o passado ou a forma como algumas pessoas agem. A única mudança possível diz respeito à nossa atitude. Estou convencido de que a vida é 10% do que me acontece e 90% de como reajo a esses fatos.

Então a escolha é sua. Cada um é responsável pelas próprias atitudes.

CAPÍTULO 14

ENTUSIASMO: ACENDA ESSA CHAMA

Depressão é quase sempre uma raiva desanimada.
– Steven Wright

Fred Perkins adorava seu emprego de vendedor em uma loja de artigos esportivos. Ele gostava de esportes, assistia a programas esportivos na televisão, corria, praticava arco e flecha e vinha pensando em começar a jogar golfe havia uns dois anos. A loja era um lugar animado, que combinava com seus interesses e onde ele conhecia muita gente legal. Mas nos últimos tempos ele vinha percebendo que ia para o trabalho arrastando os pés, mesmo depois de tomar duas xícaras enormes de café. Por quê? O que um dia tinha sido divertido acabou se tornando uma atividade monótona. O pior era que ele também se sentia responsável por isso. Foi quando começou a se perguntar por que tinha se candidatado àquela vaga.

Mas Fred não se entregou a isso. Começou a pesquisar linhas de produtos, virando as páginas coloridas dos catálogos e folhetos de fornecedores, esforçando-se para imaginar o que viria em seguida. Certas manhãs, levantava-se mais cedo e buscava logo seu estimulante – que já não era cafeína. Ia para o treino de arco e flecha. Sentia o vento no cabelo, avaliava a trajetória das flechas e ia lançando uma após a outra, até que voltou à melhor forma, acertando quase todas no centro do alvo. Estava em atividade novamente e se pegou conversando mais animado com as pessoas no trabalho. Os clientes começaram a procurá-lo na loja porque ele atendia com atenção. Falar aos outros do que gostava havia lhe devolvido o entusiasmo, um brilho que não passava despercebido de seu chefe ou da clientela.

Além disso, Fred reacendeu o antigo sonho de abrir sua própria loja em uma cidade pequena. Quando pensava nos passos a tomar para pôr a ideia em prática, ficava ainda mais cheio de energia. Mantinha um caderno com anotações de como sua loja seria, até esboçou uma planta baixa. Estava curtindo o trabalho de novo e isso ficava estampado em seu rosto. Suas vendas aumentaram, o relacionamento com os colegas ficou melhor do que nunca e ele voltou a sentir vontade de ir para o trabalho.

Todos nós já passamos por momentos em que perdemos o entusiasmo. O que nos mantém nessa situação é culpar os outros por isso. Na verdade, *ninguém* pode pô-lo na situação se você não permitir.

Então, se está se sentindo assim, o que pode fazer para mudar? Demonstre seu entusiasmo pela vida. Deixe que isso irradie em tudo o que faz e influencie as pessoas à sua volta.

Experimente fazer o seguinte:

- Lembre-se de que seus resultados são consequência de seu entusiasmo e sua determinação. Você sempre tem escolha.

- Melhore suas crenças a respeito de si mesmo. Se sempre se sentiu alguém inexpressivo, decida-se por acreditar no contrário. Se acha que não é animado, esforce-se para surpreender sua família e colegas de trabalho com sua vivacidade. Faça *qualquer coisa*, desde que seja com mais empolgação. É uma escolha.

- Encare toda experiência como se fosse a primeira. Já percebeu como as crianças bem pequenas olham para tudo com alegria e curiosidade? Adote essa visão também.

- Se imaginar que tudo é novidade não lhe parecer empolgante, pense que pode ser sua última chance. Olhe o pôr do sol e *acredite* que é seu último. Converse com um colega de trabalho como se fosse o contato final e precisasse fazer diferença. Dedique-se a um projeto como se fosse seu legado para a humanidade.

- Opte por mergulhar de cabeça em tudo. Em qualquer atividade hoje, seja um trabalho ou uma conversa com um colega, um amigo ou uma criança, decida estar por inteiro nela. Ouça como se nunca tivesse ouvido antes. Preste atenção nos outros como jamais fez.

NÃO PERCA O ENTUSIASMO

Entusiasmo não é algo concedido a alguns e negado a outros. Todos nós o trazemos na bagagem ao nascer. Você já viu alguma criança saudável que não fosse animada? Então, o que acontece conosco depois?

Acontece que alguns optam por manter esse entusiasmo inato, enquanto outros deixam que ele fique adormecido ou até o escondem.

Mas ele é tão essencial à vida quanto comida e água. Entusiasmo é a essência do sucesso. Sem ele, nada de bom acontece. É uma escolha que se faz a cada momento.

Capítulo 15

Esteja 100% presente

Fique atento ao maravilhoso. Viva de forma equilibrada: aprenda um pouco e pense um pouco, e desenhe e pinte e cante e dance e brinque e trabalhe um pouco a cada dia.

– Robert Fulghum

Era sábado e Phil Moore dirigia a caminho do aeroporto. Ele costurava por entre os outros veículos, mas sua cabeça não estava na estrada nem no carro que acabara de cortá-lo ou no motorista que agora balançava o punho do lado de fora da janela como se Phil tivesse cometido alguma imprudência.

O que ocupava sua mente era o fato de, em poucas horas, ele estar a quase 2 mil quilômetros de casa, por causa de uma reunião. Seu filho Zack jogaria a final do campeonato municipal de futebol naquele dia e sua filha Mackenzie precisaria da ajuda do pai para revisar a redação com a qual participaria do concurso da escola.

De repente, foi como se uma luz se acendesse. Ele não queria estar em droga de reunião nenhuma. Já estava arrependido e provavelmente não seria seu melhor desempenho. Pegou o celular, mudou de pista para deixar um caminhão ultrapassá-lo e digitou os números de Bob.

– Oi, e aí? – respondeu Bob.

– Hoje a gente vai ter que sentar e discutir as condições de nosso contrato. Isso é inadiável para você?

– O que você quer dizer?

– Tudo bem se fizermos a reunião na próxima quarta? Queria muito passar o fim de semana com meus filhos.

– Claro! Tudo bem. É meu aniversário de casamento e, para falar a verdade, eu também estava numa situação difícil. Não que a Sylvie não entenda. Mas tem um restaurante de frutos do mar muito bom na costa e estamos combinando de ir lá há um tempão, mas sempre acontece alguma coisa para impedir. Agora é a hora. Quarta que vem está ótimo.

Phil desligou o telefone e começou a pegar a pista de retorno. Sorria para si mesmo. Sentia-se bem e vivo pela primeira vez naquele dia. Foi tomado por uma onda de felicidade. Então esticou o braço e ligou o rádio.

O que acabou de acontecer?

Phil percebeu que, se podia dar o seu melhor no trabalho, poderia fazer o mesmo quanto à família. Algumas pessoas fazem o processo inverso. Elas já são 100% presentes em casa e precisam lembrar a si mesmas de se dedicarem igualmente ao trabalho. Independentemente de em qual grupo você se encaixe, é importante manter esse equilíbrio. **Para isso, às vezes é necessário retroceder, ajustar e reavaliar as prioridades.**

Há quem pense em equilíbrio como se fosse uma gangorra. Ou você está em cima ou está embaixo, ou constitui uma família ou investe na carreira. Pensam em termos de exclusão. Na verdade, é perfeitamente possível ter família e carreira e os dois irem muito bem. O truque é você estar sempre presente 100% onde quer que esteja. É isso que poucos entendem.

Em sua pesquisa, Ellen Galinsky, autora de *Ask the Children* (*Pergunte às crianças*, numa tradução livre), fez a seguinte pergunta a crianças: "Se você pudesse escolher uma coisa que mudasse a forma como o trabalho de sua mãe ou de seu pai afeta sua vida, o que seria?"

No grupo geral de pais, 50% deles consideraram que a resposta mais frequente seria "termos mais tempo juntos". Mas só 10% das crianças responderam que queriam mais tempo com suas mães e 15% com os pais. Em contraste, 34% das crianças afirmaram que gostariam que a mãe ou o pai fossem menos estressados – o que apenas 2% dos adultos haviam imaginado.

O que seus filhos precisam não é ter mais do seu tempo, mas de sua vivacidade – que você esteja realmente presente quando estiver com eles, quaisquer que sejam o momento ou o lugar.

E você, está sempre 100% presente onde quer que esteja? Você se compromete pela metade? Às vezes temos boas intenções mas não conseguimos concretizá-las.

Você é o tipo de pai ou mãe que culpa seu emprego por afastá-lo de seus filhos mas deixa a televisão ligada quando está com eles? Quando foi a última vez que teve uma conversa sincera com cada filho separadamente para descobrir o que é importante para eles e o que eles acham que você poderia fazer para melhorar sua relação? É difícil fazer isso com a televisão ligada.

Quando sai de casa, você diz algo como "Papai *tem que ir* trabalhar agora" ou "Papai *vai* trabalhar agora"? A diferença entre as frases é pequena, mas sinaliza se você pretende estar 100% presente ou não no lugar para onde está indo. Cuidado, você é o exemplo. Seus filhos aprendem com você os padrões que vão levar para suas vidas.

Ter equilíbrio significa viver plenamente cada momento: estar 100% presente com seus amigos, seu marido, sua esposa ou seus filhos quando estiver com eles, se dedicar 100% às suas tarefas quando estiver trabalhando. Quando alguém começa a pensar no jogo de boliche do fim de semana anterior bem no meio de uma reunião de orçamento, certamente terá dificuldade em se ater aos números. Quando está brincando de polícia e ladrão com o filho enquanto sonha acordado com a escalação perfeita que faria para a seleção de futebol, são grandes as chances de o ladrãozinho ficar à solta.

Alguns dos melhores pais do mundo trabalham 50 horas ou mais por semana e têm uma ligação incrivelmente forte com seus filhos. Alguns dos piores pais do mundo ficam em casa o dia inteiro sem fazer nada de especial e, ainda assim, se comunicam com os filhos apenas aos berros. Todos nós conhecemos alguém que se encaixa nessas descrições.

Assuma hoje o compromisso de estar de fato presente. Quando estiver no trabalho, seja produtivo e tenha em mente os objetivos da empresa. Ficar batendo papo no corredor ou navegando na internet não são os melhores indícios de que você está engajado e se dedicando de corpo e alma.

A maioria das pessoas de alta performance no trabalho também sabe dar atenção total à família e aos amigos fora do expediente. Elas são hábeis em escolher metas ambiciosas e encontrar meios de alcançá-las com tranquilidade.

Mas há gente que luta com suas tarefas – geralmente porque se distrai com facilidade e desperdiça tempo todos os dias. Assim, acaba trabalhando muitas horas a mais para conseguir obter resultados aceitáveis.

Ter uma vida equilibrada significa ficar 100% presente onde quer que se esteja, aproveitando as oportunidades que surgem. E, como tudo na vida, é só uma questão de escolha.

Experimente fazer o seguinte:

- Onde quer que esteja neste exato momento, decida que tem tempo para estar com as pessoas por inteiro.

- Nunca mais repita: "Estou sem tempo." Substitua essa frase por: "Decidi dar prioridade ao que estou fazendo agora."

UMA PESSOA, DUAS PERSONALIDADES?

Muita gente pensa que precisa ter duas personalidades – uma no trabalho e uma na vida pessoal. Isso me parece esquizofrenia.

O truque para atingir o equilíbrio em qualquer ambiente é a atenção. Você consegue estabelecer prioridades? Concentra-se no trabalho e executa suas tarefas com cuidado? Respeita sua família e oferece a ela um tempo de qualidade? Ou uma coisa acaba atrapalhando a outra?

Ao enfatizar os aspectos positivos no trabalho e interagir com os colegas para alcançar isso, você pode se surpreender seguindo os mesmos passos em casa, para alegria da família. O relacionamento entre vocês só tem a ganhar quando as pessoas se dispõem a conversar de forma honesta e aberta. Experimente. Faça perguntas a seus filhos e ouça as respostas sem interrompê-los.

No trabalho, estar presente por inteiro significa não fazer apenas o que se espera de você. Mantenha-se atento, procurando e aproveitando cada oportunidade para agregar valor. Você terá prazer em ser espetacular no que faz.

Onde quer que esteja, é melhor estar 100% presente.

NOTÍCIAS DE ROGER

– Kathy?

– Oi, quem é? Roger?

– A ligação está ruim.

– É porque estamos em um ônibus, 50 pessoas, indo para uma pizzaria. É a comemoração do departamento que teve bons resultados.

– Se não se importa, queria só fazer uma pergunta.

– Diga.

– Você já teve alguma recaída?

– Lógico, umas duas ou três vezes.

– E o que fez?

– Fui para um acampamento do tipo militar, me diverti à beça e voltei para o escritório pronta para a luta.

– Sempre?

– O processo tem a ver com manter as conquistas e continuar avançando. É preciso lançar novas iniciativas, permanecendo animado e alerta. Isso vale para todos, mas a diretoria passa por momentos mais difíceis do que os outros. Por que pergunta?

– O pessoal da equipe de incentivo está sugerindo que eu vá para um acampamento estilo militar. Tive um dia difícil e um cliente surpresa me pegou.

– Bem, eles só estão querendo ajudar, Roger. Estão cuidando de você. Siga o conselho deles. Você vai ver que será bom. Vai se divertir mais do que imagina e aposto que, da próxima vez, pensará duas vezes antes de ficar de mau humor no trabalho.

Capítulo 16

Oriente-se por valores sólidos

Valores põem tudo em perspectiva,
nos melhores e nos piores momentos.
– Charles Garfield

Tim Forbes é um programador de computadores de San Jose. Nos últimos tempos, ele teve vários empregos, mas continua insatisfeito. De fato, não tem sido feliz desde os tempos de faculdade – e isso por causa da animação das festas e de uma namorada mais ou menos firme. Um dia, conversando com o vizinho, ele comentou que estava pensando em procurar outro emprego.

– Você quer ir para um novo emprego ou fugir do caos desse? – perguntou o vizinho.

– Bem, para ser sincero comigo mesmo – disse ele –, acho que estou fugindo.

– Que pena – disse o vizinho –, porque com certeza deixou de aprender alguma lição no trabalho atual sobre os erros que provavelmente repetirá. Se eu fosse você, ficaria pelo menos até ter aprendido, caso contrário, teremos esta mesma conversa daqui a um ano, quando estiver procurando emprego de novo.

Contudo, Tim se demitiu e foi para outra empresa, que acaba de dispensá-lo. Outro dia, mesma história...

A questão aqui é ser honesto consigo mesmo. Quando alguém se casa, por exemplo, é comum dizermos que está começando uma relação, mas pode ser que esteja fugindo da solidão – o que é um motivo muito diferente e nada bom. Quantas pessoas já se divorciaram ou permaneceram casadas e infelizes depois de se unirem pelo motivo errado?

Quase toda decisão ruim é consequência da violação de um valor, é fugir de um medo em vez de dar um passo em direção ao que se ama.

Você é humano. Com certeza já tomou algumas boas decisões e também fez escolhas ruins. A questão é: o que aprendeu com isso? Vamos analisar que decisões suas podem ter acabado com relacionamentos, reduzido suas chances de sucesso e levado o caos à sua vida.

Por exemplo, talvez você tenha mentido para um cliente porque precisava bater uma meta. Você achou que nem ele nem seu chefe saberiam, mas eles descobriram. Você violou seus valores de sempre agir corretamente e a consequência só poderia ser ruim.

Ou, quem sabe, um dia você tinha um encontro com seus amigos depois do expediente, então acabou não revisando um projeto como deveria antes de enviá-lo. Perdeu o negócio porque não fez jus ao seu valor de manter a qualidade no trabalho. De novo, péssimo resultado.

Ou talvez houvesse uma vaga em sua empresa que precisava ser preenchida com urgência e por isso você tenha contratado alguém que você *sabia* que não compartilhava seus valores. Assim, o primeiro dia de trabalho da pessoa foi também o primeiro dia dos seus problemas.

Em cada um desses casos, você tomou decisões que no fundo lhe pareciam erradas. Se você está com o pé atrás, pare e pense. Ao contrário da previsão do tempo, a intuição nunca erra.

Os psicólogos dizem que todas as emoções estão enraizadas no amor ou no medo. O medo, por exemplo, dá origem à raiva. Ele é uma emoção de "afastamento". Já o amor é uma emoção de "aproximação" e origina sensações como a alegria

Pense nas decisões desastrosas que tomou na vida. Você perceberá que existe um padrão de "afastamento" de algo – uma pessoa, um emprego, um problema, o fato de não ter batido uma meta. É o oposto de ir atrás de algo que se ama.

Na próxima vez que precisar tomar uma decisão, pergunte-se se o motivo real é se afastar ou se aproximar de algo.

Muitas pessoas passam a vida repetindo os mesmos padrões. Um já pediu demissão de diversos empregos porque o chefe é sempre controlador. Outra vive trocando de namorado e continuando com o mesmo homem, só que com nome diferente. Outro, ainda, muda de setor na empresa a cada ano porque os colegas de trabalho são pessoas insuportáveis...

Se enxerga esses padrões nos outros, consegue perceber algum que *você* venha repetindo?

Experimente fazer o seguinte:

- Antes de tomar qualquer decisão importante, faça a si mesmo estas duas perguntas:
    - Isso condiz com meus valores?
    - Estou sendo movido pelo amor ou pelo medo? Estou fugindo de algo que temo ou dando um passo em direção a algo que amo?

- Desenvolva o hábito de fazer essas duas perguntas e respondê-las com sinceridade. Isso melhorará imensamente sua qualidade de vida.

Capítulo 17

Vá além das atribuições do cargo

Alguns farão bem o seu trabalho e outros não, mas só seremos julgados por uma coisa: o resultado.
– Vince Lombardi

Albert Johnson trabalhava em Omaha e havia acabado de se mudar para uma cidade pequena a alguns quilômetros de lá, para uma propriedade de mais de meio hectare com um chalé e vista para o lago. O imóvel custava bem menos do que uma casa de três quartos perto do escritório. Se conseguisse manter razoáveis os gastos com transporte, ele teria um custo de vida mais baixo morando num lugar onde se sentiria em férias sempre.

Então, um dia de manhã, Albert entrou no carro, virou a chave e... nada. Virou de novo. A mesma coisa. Droga. Lá estava ele, a quilômetros do povoado mais próximo, sem ter um carro para chegar lá ou um seguro que o socorresse.

Entrou em casa, pegou a lista telefônica e começou a ligar para autopeças. Na primeira, deu seu nome e endereço e disse à atendente que precisava de uma bateria e não tinha como chegar à loja. Enquanto ele falava, outra ligação entrou. Era do escritório. Albert tentou resolver os assuntos de trabalho o mais rápido possível, mas, quando voltou para a primeira chamada, não havia mais ninguém na linha.

Foi quando viu um pequeno caminhão parar na sua porta. Uma mulher desceu do veículo e o chamou.

– É este o carro sem bateria? – perguntou ela.

Ele assentiu, sem acreditar que a mulher tinha se deslocado da loja até sua casa.

Ela abriu o capô e mediu a bateria.

– Meu nome é Doris. Trouxe uns modelos de bateria, só que nenhuma é do modelo da sua. Mas aposto que Fred tem dela. Venha, vou lhe dar uma carona.

Ela foi com ele até a loja de peças concorrente, na cidade, ajudou-o a comprar a bateria certa, levou-o de volta para casa e, para completar, instalou a bateria nova.

– Doris, nem sei como agradecer – disse Albert. – Mas como é que você sobrevive assim?

– Bem, se você depende do carro para ir trabalhar, é bem provável que precise de outras peças ou serviços no futuro. E a que loja irá?

– À sua. Com certeza.

– Que bom! Mas, na verdade, agir assim me faz bem. Sinto que faço parte da vida dos outros. Bom, acho que é hora de ir. Ainda quero tomar um café no caminho antes de voltar para um carburador teimoso que eu estava consertando.

BOM DEMAIS PARA SER VERDADE?

Bill Abemarle trabalha para uma firma de limpeza e manutenção de tubulações e redes de esgoto. Bill vai à casa dos clientes dirigindo um caminhão limpa-fossa, mas essa não é sua única ferramenta de trabalho. Depois que termina de fazer os serviços contratados, ele pega seu kit de materiais de limpeza e deixa a área em que trabalhou tão ou mais limpa do que antes de ele chegar. Por que ele faz isso?

– Adoro olhar para trás e dizer: "Fui eu que fiz." Uma coisa é consertar coisas, outra é fazer com que as pessoas se sintam bem

– explica ele. – Além disso, você precisa ver as cartas que meu chefe recebe e a taxa de fidelização de clientes.

ALÉM DAS ATRIBUIÇÕES DO CARGO

Ir além das atribuições do cargo não se aplica a lugares como a Nordstrom, onde o vendedor é capaz de passar a ferro uma camisa do cliente para que ele a use no mesmo dia ou embrulhar um presente que ele tenha comprado na concorrência. Essa rede de lojas é conhecida por contratar e treinar seus funcionários de forma que eles sempre superem expectativas no atendimento ao cliente.

Uma pessoa vai de fato além das atribuições do cargo quando se esforça e coopera com os colegas no trabalho, ajudando a alcançar um bem maior sem esperar que isso conste de sua avaliação de desempenho. Ela dá o melhor de si à equipe e se dispõe a dividir responsabilidades. Se você está em dia com suas tarefas, ajude um colega que esteja enrolado. Você vai se sentir bem, na certeza de que, mais do que nunca, pertence ao time.

Experimente fazer o seguinte:

- Dê atenção às necessidades dos outros. Se seu colega está atrapalhado tentando fazer o melhor pelos clientes e pela empresa, não perca a oportunidade de ajudá-lo.

- Encontre pelo menos três coisas que você pode fazer hoje para ser útil a alguém, algo que ele *nunca* esperaria. Quando uma ideia desse tipo vier à sua cabeça, não hesite, leve-a adiante. No final do dia, veja como se sente sabendo que melhorou a vida de alguém – e a *sua*.

- Perceba o sentimento de autorrealização que o simples fato de fazer um pouco mais pode trazer. Além de ficar mais contente, você torna suas relações com clientes e colegas de trabalho mais próximas e verdadeiras.

SUPERANDO OS PADRÕES

Muita gente se restringe a cumprir as atribuições do cargo que ocupa, como se houvesse uma linha imaginária que não se pudesse ultrapassar. Superar expectativas não significa que você deve roubar o emprego de alguém, mas se esforçar para entender seus clientes e o que é importante para eles.

Você conhece alguém que já tenha ligado para casa no meio do expediente para dizer "Amor, você não vai acreditar. Hoje estou cumprindo todas as atribuições do meu cargo!"? De jeito nenhum. A pessoa telefona quando fez algo de extraordinário, obteve resultados incríveis ou salvou o dia de alguém.

Todos os dias temos a chance de escolher entre fazer o que se espera de nós ou ir além do esperado e alcançar algo notável (que leve os clientes a comentar com amigos, que depois se tornam clientes também). Quando se alcança esse estágio, a satisfação não é só dos clientes; *você* fica mais feliz consigo mesmo.

Capítulo 18

Seja o estímulo servindo aos outros

A felicidade é o único bem.
O momento de ser feliz é agora.
O lugar para ser feliz é aqui.
O jeito de ser feliz é fazendo os outros felizes.
– Robert Green Ingersoll

Há décadas as empresas vêm falando em satisfação do cliente. À primeira vista, parece uma ideia boa e sensata, mas alguém poderia imaginar: "Se os clientes estiverem *satisfeitos* com meu atendimento mas conseguirem um preço melhor em outro lugar, por que escolheriam continuar comigo?"

Se você analisar um pouco a questão, vai ver que o que realmente quer fazer pelo cliente vai além da satisfação. Você deseja que ele tenha sucesso. Quer transformar meras relações comerciais em uma troca significativa que o ajude a ser bem-sucedido, espera que suas ações façam a diferença para ele. Isso é servir.

Não que essa seja a sua única meta, mas os clientes não se incomodarão em pagar mais se perceberem que você está fazendo uma diferença positiva em suas vidas. Quando você agrega valor de forma a melhorar a experiência e favorecer o sucesso dos clientes, a fidelidade é mera consequência.

Além do mais, causar um impacto positivo na vida dos outros faz bem para você. Quando você foca em algo maior e se concentra em fazer a diferença, as recompensas não têm preço.

Como afirma Wayne W. Dyer, autor de *Para todo problema há uma solução*, **é simplesmente impossível ficar deprimido quando se está fazendo algo de bom pelos outros.**

Servir ao próximo é o melhor remédio contra a depressão – e nem precisa de prescrição médica. Em vez de gastar suas energias sofrendo, você as utiliza esforçando-se para ajudar os outros. E quando isso acontece não são só as outras pessoas que se beneficiam. Você também ganha, e muito!

Wallace Wattles, autor de *A ciência de ficar rico*, defende que, se você atribuir ao cliente 10 vezes mais valor do que o dinheiro que recebe dele, a clientela vai bater na sua porta. Agregar valor não significa aumentar o custo. O valor a mais que você vai oferecer pode ser um conselho, um jeito de manter contato para que o cliente tenha suporte contínuo, informação extra (como artigos ou informativos) que você envia ao cliente para mantê-lo atualizado. Atitudes simples também contam: pergunte quais são as necessidades dele, ouça com atenção e proponha soluções.

Nos negócios, como na vida em geral, há pessoas que doam e pessoas que se aproveitam. Os doadores estão sempre descobrindo formas de causar impacto positivo. Eles dão o melhor de si sem pedir nada em troca, apenas pelo prazer de contribuir para o sucesso de alguém e a realização de projetos importantes. Seu grande objetivo é fazer a diferença por meio de seu trabalho. Já as pessoas que se aproveitam se esforçam o mínimo possível, mantendo somente o necessário para não se prejudicarem. Elas se preocupam em não ultrapassar o expediente e nem fazer mais do que as atribuições de seu cargo. Reclamam e apontam erros e dizem coisas do tipo: "Não é obrigação minha", "Ninguém me disse que era para fazer" e "O que vou ganhar com isso?".

No livro *Influência: A psicologia da persuasão*, Robert Cialdini fala do poder da reciprocidade. Ele defende que, quando você se doa a alguém, a pessoa passa a sentir uma necessidade forte e insaciável de retribuir o gesto. Então, quando alguém se dedica de coração aos seus clientes, eles o recompensam da forma que está ao alcance deles: elogiando, aceitando seus preços, fazendo mais negócios com sua empresa e apresentando amigos.

Mas tenha em mente que nada disso acontece se a pessoa estiver se doando apenas com a intenção de obter vantagens (afinal, essa é a própria definição do aproveitador). **Doe-se porque isso faz todo mundo se *sentir* bem, porque é prazeroso poder levar alegria à vida de outra pessoa, e certamente você será recompensado.**

Quem só sabe tirar não pode esperar receber nada de bom, mas a vida se encarrega de retribuir a boa vontade de quem se doa.

Às vezes é espantoso como a vida pode ser simples quando você está disposto a não focar apenas em si mesmo. Pense na quantidade de energia que as pessoas que só sabem tirar gastam protegendo seus próprios interesses. É mais fácil fazer por merecer um aumento de salário, por exemplo, do que reclamar por não o ter recebido. Mas elas reclamam. Agora imagine como a vida é leve para quem a encara como uma oportunidade infinita de fazer a diferença.

Experimente fazer o seguinte:

- Descubra hoje pelo menos 10 maneiras de dar 10 vezes mais valor. Doe-se sem planejar receber nada em troca. Doe do seu tempo. Ajude mais. Dê a seus clientes mais do que eles esperam. Ofereça mais de si a seus colegas de trabalho, seu chefe, seu marido ou sua mulher, seus amigos e sua família – e mesmo a estranhos. Doe-se até ficar satisfeito.

- Durante uma semana, esforce-se para servir e se doar e anote tudo o que fizer nesse sentido. No final, pergunte-se: “Estou me sentindo melhor?”, “As pessoas à minha volta estão se sentindo melhor?”, “Fiz a diferença na vida de alguém?”, “Os outros também têm se doado mais a mim?". Se gostar do resultado, planeje fazer o mesmo na semana seguinte e na outra, e na outra.

- Nem *pense* em deixar uma xícara suja de café ou papéis embolados ao redor de sua lixeira no trabalho. Se agir assim, será visto como alguém que precisa que os outros façam tudo por você, em vez de uma pessoa que contribui. A forma como você faz uma coisa é a forma como faz tudo.

- Aceite o desafio de *nunca mais* reclamar de não ser reconhecido por suas contribuições. Acredite: se você estiver realmente agregando valor, os outros perceberão e você será recompensado. Mas se obter reconhecimento for seu único objetivo, não conte em alcançá-lo. Além disso, pessoas que reclamam o tempo todo acabam tendo seus esforços vistos como mera tentativa de autopromoção. Dê o melhor de si todo dia, sem esperar tapinhas nas costas.

INVESTIMENTOS E DOAÇÕES

Mary trabalha como bancária. Quando foi treinada para seu cargo, disseram-lhe para cumprimentar todos os clientes e ter atenção ao fechar seu caixa, além de outras orientações práticas. Mas ela incluiu em sua rotina tarefas que os outros ignoravam.

Toda semana, ela telefona para pelo menos 25 clientes e pergunta se pode lhes ser útil de alguma forma. Ninguém pediu que fizesse isso, mas ela decidiu que ajudar as pessoas era parte do trabalho.

Todo mês ela envia mensagens aos clientes com dicas sobre como gerenciar melhor suas finanças.

Ela guarda os nomes dos filhos e os gostos pessoais dos clientes e conversa sobre eles quando os recebe no banco. Quando lê algo na imprensa que diga respeito à família dos clientes, ela recorta a matéria e lhes envia pelo correio. Quando encontra um deles na farmácia ou no mercado, pergunta se está precisando dela e o que poderia fazer para atendê-lo melhor.

Uma vez, comprou vários guarda-chuvas e os deixou no trabalho. Depois disso, sempre que um cliente precisava, ela lhe emprestava um, dizendo: "Na próxima vez que vier, você devolve."

Não foi à toa que, no último Natal, Mary recebeu 53 presentes e cartões no banco. Foi uma retribuição simpática dos clientes a alguém que se doava por inteiro.

Agora imagine como a vida de Mary seria diferente se ela se restringisse a seguir à risca as "atribuições" de seu cargo. Você acha que ela teria tanto prazer no trabalho? Seria tão valiosa para a empresa? Obteria uma gratificação ou um aumento de salário? Ia se sentir tão bem consigo mesma? Pense nisso.

JÁ DISSE QUE VOCÊ VEM FAZENDO UM ÓTIMO TRABALHO, ROGER?

Roger passou pelo saguão em direção ao auditório em que haviam feito a reunião de pontapé inicial não muito tempo antes. Ele não entendia por que iriam precisar de um lugar tão grande, já que ele e sua equipe de líderes iam apenas revisar os números do trimestre. De qualquer forma, ele chegaria um pouco antes da hora marcada, porque estava animado com o que esperava ouvir.

Ao abrir a porta, o lugar estava um breu. Ele tateou a parede em busca do interruptor. Quando acendeu as luzes, uma surpresa. As pessoas pularam com chapeuzinhos de festa de trás das cadeiras. No tablado, uma banda marcial começou a tocar e ele viu uma faixa em que estava escrito "Melhor chefe do mundo!".

A surpresa deixou Roger boquiaberto. Ver todos aqueles rostos sorridentes e seus funcionários jogando os braços para o alto de empolgação lhe trouxe uma enorme alegria. Para completar a festa, de repente sua equipe de incentivo surgiu com um bolo, doces e salgadinhos.

Roger cruzou o olhar com Fiona Lang, sua principal executiva de finanças, e acenou para que ela se aproximasse.

– Então quer dizer que os números foram bons? – instigou ele.

– Pode apostar que sim.

– E como é que vocês conseguiram uma banda marcial?

– Fizemos uma contribuição para que eles comprassem uniformes novos. Não se preocupe. A gente poderia ter comprado muuuuitos uniformes para eles.

– Nossa, é muito melhor falar sobre isso do que sobre aquela demissão em massa que andávamos discutindo não faz muito tempo.

– Com certeza, Roger. Agora venha. Você é o convidado de honra. Acho que deve puxar as comemorações.

Parte IV

Barreiras ou pequenos obstáculos?

Capítulo 19

Comunique-se com clareza

Uma boa comunicação é tão estimulante quanto café e, assim como ele, não nos deixa dormir.

– Anne Morrow Lindbergh

Jack entrou com pedidos de falência três vezes. Ele é um cara legal. Em cada um de seus empreendimentos, os fornecedores davam sugestões para ajudá-lo. Ele as recebia com um comentário sobre o que *eles* não tinham entendido. Seus gerentes tinham ideias para fechar novos negócios. Ele sabia mais e lhes dizia por que estavam errados. Eles traçavam estratégias para reduzir as despesas. Ele tinha experiência no mercado, então não lhes dava atenção – nem fazia nada para cortar despesas.

Uma vez sua esposa tentou dar alguns palpites. Não era ela quem estava à frente da empresa. Por que queria se meter? Até seus filhos, que trabalhavam com ele, fizeram algumas propostas. Mas, espera aí, eles tinham acabado de sair das fraldas.

Não é de surpreender que, na época em que estava às voltas com os documentos da terceira falência, estivesse também preparando os papéis do quarto divórcio. A única opinião que sempre contava era a dele.

Jack nunca alcançou o sucesso. Aos 66 anos, ainda precisava trabalhar todos os dias para se manter. Como não dava ouvido aos médicos, logo a saúde ficou precária e ele não pôde mais trabalhar. Então foi obrigado a se mudar para a casa da filha mais velha. Morreu aos 67 anos, sem amigos, sem dinheiro e sem ter construído um relacionamento íntimo com os filhos.

Quando uma pessoa lhe der feedback, tenha em mente que ela está fazendo isso porque se importa com você. Leve em consideração pelo menos parte do que ela disser e responda: "Obrigado, vou pensar nisso." Mas nunca se feche a sugestões.

Esteja aberto a feedbacks e a mudanças

"Ele é meio difícil", é o que dizem de Lester. Ele está na empresa há anos e não perde uma oportunidade de gritar com funcionários na frente de clientes. "Ele não é o que se pode chamar de motivador", as pessoas comentam. Ou "Se você conseguir dobrá-lo, pode dobrar qualquer coisa."

Depois da reunião de pontapé inicial, as pessoas na empresa entraram em acordo sobre como deveriam tratar umas às outras. **Concordaram em não fazer fofoca ou inventar histórias, não dar desculpas nem culpar os outros** e em usar uma linguagem afirmativa. Este último ajuste era o grande problema de Lester.

Ele nunca expressava nada de forma afirmativa. Era sempre negativo e desmoralizador. Sim, às vezes as pessoas precisam de um puxão de orelha no trabalho, mas o repertório de frases que Lester usava era pura agressividade – e não estava funcionando.

Os colegas já tinham aceitado o fato de que ele era meio maluco. Quando os clientes comentavam, eles só diziam: "Ele é só meio diferente. Não esquenta não."

Na reunião, quando a equipe toda concordou em cumprir seus compromissos, o acordo fechado foi de que todas as pessoas dariam feedback às demais, incondicionalmente, e seguiriam as regras de como tratar umas às outras.

Perto do final da reunião, Lester se levantou e disse: "Onde vocês estavam há 40 anos, quando eu mais precisei de vocês?" Agora ele entendia. Agora sabia que simplesmente tinha entendido mal algumas das regras básicas da vida – as que as pessoas que criam empresas extraordinárias e chefiam famílias maravilhosas conhecem bem.

Depois daquele dia, as pessoas começaram a comentar sua transformação no trabalho e em como era melhor vê-lo sorrindo.

Mantendo a equipe informada

Samantha estava encarregada de confirmar os pedidos dos clientes. Ela os baixava da internet, conferia e depois despachava. Um dia, quando entrou na internet, descobriu que simplesmente não conseguia acessar os pedidos. Ela então chamou o técnico, que disse que precisaria de uma semana para concluir os reparos. A norma da empresa era que todos os pedidos fossem encaminhados em até 24 horas depois da confirmação do pagamento, que era feita on-line, mas fazer o quê? Assim, ela decidiu esperar e mandar tudo quando o técnico consertasse o sistema.

O problema foi que ela não disse nada a ninguém da equipe nem a seu chefe. Cinco dias depois, o maior cliente da empresa telefonou para reclamar com o presidente, que simplesmente não acreditou que aquilo pudesse ter acontecido. Afinal, eles tinham um procedimento padrão. Não dá para dizer que é sempre bom ser surpreendido.

Experimente fazer o seguinte:

- Converse com seus familiares e colegas de trabalho e diga-lhes que você é um ser humano como todo mundo, cheio de limitações. Depois peça a eles que, na próxima vez que tentarem lhe dar alguma sugestão e você lhes der as costas, digam: "Por favor, leve isso em consideração e volte para conversarmos amanhã se achar que essa ideia tem algum mérito."

- Quando alguém ficar na defensiva ao receber um feedback seu, diga simplesmente: "Gostaria que você escutasse, mesmo que não concorde agora com o que vou dizer. Tenho certeza de que devo estar errado em alguns pontos, mas também acho que outros podem ser bastante válidos. Adoraria que você pensasse nas minhas ideias por um dia e depois me dissesse o que achou delas."

- Da próxima vez que enfrentar um obstáculo, tente vê-lo por um ângulo diferente, procurando as oportunidades que ele pode lhe oferecer. Pense que todo acontecimento pode trazer algo de bom. Talvez no início você tenha dificuldades em adotar essa prática, mas as pessoas que já a incluíram em sua rotina a consideram simplesmente transformadora.

- Use uma linguagem precisa e positiva quando expressar o que você fará e a atitude que espera dos outros.

- Pense como uma comunicação sincera e clara pode eliminar problemas e obstáculos.

PROBLEMAS OU OPORTUNIDADES?

Toda equipe de liderança um dia enfrentará problemas. Isso não é novidade. Mas o maior problema que pode acontecer é você identificar um obstáculo como uma barreira intransponível. Quando você faz isso, ele tem grandes chances de se tornar uma limitação que atrapalha dia após dia, até se tornar "o problema de sempre". Essa expressão lhe soa familiar?

Toda vez que você encara uma dificuldade como um problema, diminui sua capacidade de resolvê-lo, porque é muito mais difícil conseguir o que se quer focando no que não se quer. Você não quer um problema, mas foca nele de tal forma que acaba por ampliá-lo. Mas se encarar o "problema" como uma oportunidade, estará mirando o que deseja e caminhando para isso.

Em uma das empresas para as quais trabalhei, estabelecemos como regra nunca mais chamar os obstáculos de "problemas". Em vez disso, eles passaram a ser "oportunidades de transformação". Quando a equipe fez isso, tudo mudou. A cada contratempo que surgia, todos se esforçavam para criar uma lista de estratégias para encontrar a oportunidade que ele oferecia. Depois escolhiam a melhor e definiam quem seria o responsável por ela e seu prazo. E, se fosse o caso, estabeleciam um orçamento.

De repente, não havia mais problemas. Mas continuaram a surgir novas oportunidades, que eles sempre agarravam. Em seis meses, os lucros da empresa aumentaram 44%.

Capítulo 20

Livre-se dos sugadores de energia

Eles são vampiros, só que não querem seu sangue, mas sua preciosa energia: sua autoestima e sua força vital. Querem levar você à exaustão emocional. Frustrá-lo perseguindo-o com suas ladainhas repetitivas e autoindulgentes.
– Craig Harper

Quando Blanche Springer entra em qualquer sala da empresa onde trabalha, as pessoas se encolhem. Ela não tem caninos proeminentes nem usa capa preta e todos já repararam que os espelhos do prédio refletem sua imagem, mas se transforma em uma vampira assim que abre a boca.

– As vendas vão aumentar muito este ano – alguém comemora.

– Isso é só porque foram uma m... no ano passado – comenta Blanche.

E se alguém diz algo do tipo:

– Acho que estou meio cheinho.

– Cheinho você estava 10 quilos atrás. – É a resposta dela.

Já percebeu como algumas pessoas sugam toda a sua força vital rapidinho? Só precisam de um segundo para transformar um belo dia em um dia horrível. Blanche é mestra em sufocar ideias, mas o comportamento dela é apenas um dos muitos que podem exaurir as pessoas. Você com certeza já participou de alguma discussão importante em que determinada pessoa criticava as ideias de todo mundo e não fazia nenhuma proposta útil.

Outra forma de sugar energia é o comportamento das "eternas vítimas", gente que está sempre se queixando das injustiças que o mundo lhe inflige.

Alexia Solano é uma dessas pessoas. Ela está divorciada há 28 anos e ainda reclama todo dia "daquele filho da mãe que *acabou* com sua vida". E sente – sem qualquer fundamento – que ele ainda está no centro de outras conspirações para evitar que ela seja feliz.

Quem está de fora percebe logo quem *realmente* acabou com a vida de Alexia. Ela mesma, quando optou por se entregar ao rancor e não superar o divórcio – o que certamente também impediu qualquer possibilidade de um novo casamento.

Há um motivo frequente para que uma pessoa continue se considerando vítima. Ela recebe feedbacks que sustentam isso, de gente bem-intencionada que não tem consciência do mal que está causando.

Quando as "eternas vítimas" se queixam de como suas vidas são uma droga, alguém as apoia. "É mesmo, sua vida é *horrível*", diz a pessoa. Esse é todo o reforço de que a vítima precisa. Há sempre alguém que se comove e diz "Ah, coitadinha" e as vítimas vão atendendo assim às suas necessidades de atenção.

Sustentar o comportamento de quem se faz de vítima não é agir como um amigo de verdade. Esse tipo de apoio é altamente prejudicial, já que as pessoas acabam se distanciando de quem tem um comportamento vitimizante.

O que você deve fazer quando um colega de trabalho reclamar pela enésima vez de alguém de outro departamento? Encoraje-o a se responsabilizar por mudar as coisas. Insista até obter resultados. Diga: "Parece um problema, mas, na verdade, é uma oportunidade. O que *você* vai fazer para que isso não aconteça de novo ou para que a situação não o afete e você possa seguir em frente?"

Se a pessoa insistir em lhe dizer que a culpa não é dela, mas da outra parte, ouça-a e depois repita o mantra: "Parece um problema, mas você é uma pessoa muito forte e sei que não se põe no papel de vítima. Diga-me o que está fazendo para melhorar a situação".

Às vezes é preciso repetir algo muitas e muitas vezes para se fazer entender.

Quando você assume a postura de alguém que sempre incentiva a mudança e não sustenta comportamentos vitimizantes, das duas, uma: ou afasta a pessoa que se faz de vítima (e aí, no mínimo estará evitando essa má influência) ou acaba conseguindo que ela reavalie as próprias escolhas e resolva mudar. De qualquer forma, só tem a ganhar.

"Reclamões"

O programador Joe Hassel parece não ter um dia alegre há décadas. Seu último comentário "brilhante" no trabalho foi: "Nossos clientes são burros demais, não conseguem usar nosso sistema sozinhos." Outro funcionário talvez tivesse visto a situação sob outro prisma: "Depois que instalarmos o sistema, precisamos fazer alguma coisa para ajudar nossos clientes a se adaptarem a ele. E se criássemos um manual on-line?"

A pessoa que reclama de tudo não está tentando ser útil. Queixar-se apenas a faz sentir que está um passo à frente dos outros, descartando todas as possibilidades antes que alguém tenha a chance de dar uma sugestão. Em vez de dizer o que *pode* ser feito, o "reclamão" passa horas desfiando o que *não pode* ser feito e por quê. Mas de que adianta criticar sem propor soluções?

Por mais contraditório que pareça, apesar de todo o excesso de reclamações parecer ter um fundamento lógico, ele na verdade é mero fruto da insegurança. A pessoa que reclama sem parar é ótima em apontar problemas, mas não tem confiança suficiente para tentar resolvê-los.

Não há muito espaço para alguém assim em um ambiente de trabalho em que as pessoas querem "revolucionar" ou em uma empresa cujos funcionários trabalhem em equipe, cada um fazendo a sua parte e ajudando os outros nas deles.

É claro que isso não significa que nunca mais alguém se queixará de novo no trabalho. Ora, *todos nós* já tivemos nossos momentos de lamúrias. Todos passamos pelo "Oh vida, oh céus, oh azar!" em algum ponto e, apesar de sabermos como isso pode nos paralisar e causar um impacto negativo nos outros, ainda assim há uma chance remota de sermos reincidentes. Faz parte da natureza humana.

De qualquer forma, o importante é saber que há formas de evitar situações assim. Por exemplo, combine com seus parentes, amigos e colegas de trabalho para que façam um determinado sinal com a mão na próxima vez que você começar a reclamar da vida. Eles não precisam dizer nada, e você terá um alerta para que se conscientize do que está fazendo e possa começar a pensar em uma solução.

Quando vir o sinal, pare *imediatamente* e ria de si mesmo por ter caído em tentação. Lembre-se de como é bom poder resolver um assunto pendente em vez de ficar sofrendo por causa dele.

Confie nesse grupo de pessoas que se importam com você. Eles serão sua rede de segurança quando você estiver tentando melhorar.

Os truques dos sugadores de energia são inúmeros: revirar os olhos, cruzar os braços, dar sorrisos maliciosos, reclamar, se fazer de vítima... Só de ver um gesto deles, já dá para sentir a energia se esvaindo. Qualquer que seja a artimanha usada, saiba que você tem o direito de se proteger e, se for o caso, convidar essa pessoa a colaborar com a equipe ou procurar outra.

Experimente fazer o seguinte:

- Sempre que acontecer algo que o incomode, pergunte-se o que você fez para criar aquela situação. Aprenda com a experiência, para que ela não se repita.

- Faça com que os sugadores de energia do grupo se vejam como responsáveis por si próprios. Não estimule seus comportamentos prejudiciais com sua atenção.

- Se você tentou persistentemente ajudar alguém que se vê como vítima a mudar de perspectiva e não funcionou, afaste-se dele e preserve suas energias.

- Se a pessoa for sua funcionária, então será ainda mais importante que você avalie se vale a pena investir nela ou se o melhor é tirá-la da equipe antes que sua atitude contamine os outros.

Capítulo 21

Mude sua postura

A única coisa realmente incapacitante na vida é uma postura inadequada.
– Scott Hamilton

– Quer falar com quem?

Era como Carol Shively atendia o telefone, em um tom de "como ousa me incomodar?". Ela já havia sido motivo de vários e-mails para o presidente da firma dizendo que a mulher seria forte candidata ao prêmio de Pior Recepcionista do Mundo, caso ele existisse.

A empresa não ia bem. Na verdade, estava afundando, e Carol simbolizava o ambiente pesado da firma e seus resultados cada vez piores. De fato, ela era um dos motivos do fracasso. Quando perguntavam ao presidente sobre Carol, ele logo concordava que a funcionária era um verdadeiro desmancha-prazeres, mas dizia que ela já trabalhava lá havia 20 anos e eles estavam só contando o tempo para que se aposentasse.

Depois que a empresa passou por um processo de reformulação para se tornar um local de trabalho mais feliz e motivado, o presidente foi surpreendido um dia, quando alguém lhe escreveu para dizer que "a recepcionista era a melhor que tinha visto na vida". "A Carol?", pensou o presidente.

Sim, a mesma que tinha sido forte concorrente a pior recepcionista do mundo. Um colega tivera uma conversa *séria* com ela e, depois disso, ela havia mudado da água para o vinho e os resultados da empresa começaram a refletir a melhora no ambiente de trabalho.

Há sempre alguém assim em qualquer grupo, alguém que não parece querer estar lá e manifesta isso de forma agressiva. Essas pessoas fazem ruídos e muxoxos para demonstrar seu descontentamento, contorcem o rosto para deixar claro seu desdém e, se não for o bastante, resolvem realmente fazer barulho e empurram o que estiver na frente. **Algumas pessoas são absolutamente incansáveis em contaminar a equipe.** O que acontece é que as pessoas que não querem estar lá não deveriam estar. Às vezes o problema não está no lugar, na situação ou nas outras pessoas. Frequentemente, quem está insatisfeito não ficaria feliz em lugar algum em que *ele mesmo* estivesse. Essas pessoas podem sair da empresa, ir trabalhar em outro lugar e continuar infelizes no próximo emprego e no próximo...

É óbvio que elas não entendem que são o próprio problema. Elas se veem como vítimas das circunstâncias e acham que os outros são injustos com elas.

Este é o X da questão: o problema são *elas*. As pessoas infelizes tendem a enxergar apenas o que o chefe, os colegas, a família, o mundo não está *lhes* dando. Elas não entendem que sua infelicidade iria embora se mudassem o foco e se preocupassem em fazer a diferença.

A CONVERSA SÉRIA PASSO A PASSO

Você não precisa ser o chefe ou trabalhar no mesmo departamento que uma pessoa que costume ter atitudes arrogantes para ter uma conversa séria com ela. Trata-se de um gesto imensamente direto e gentil, porque demonstra que você se preocupa a ponto de se dar o trabalho de mostrar que ela tem opções: ser feliz passando a se dedicar de corpo e alma ao que tem em mãos ou ir em busca da felicidade em outro lugar.

Essa conversa já transformou vários ex-infelizes rabugentos em pessoas dinâmicas que contribuem muito para o grupo. Os resultados são imediatos.

Há quatro partes da conversa que você não pode esquecer:

1. "Estou extremamente empolgado com o rumo que a equipe está tomando." (*Deixe claro que a equipe vai realizar a missão com ou sem ela. Cenas dramáticas para tentar fazer com que os outros se juntem à sua infelicidade não vão adiantar, porque a equipe está seguindo em frente.*)

2. "Posso estar enganado, mas tenho a sensação de que você não está tão animado assim." (*Não dê motivos. Só expresse a sensação que teve. Se começar a desfiar os motivos, vai entrar em um cabo de guerra sem fim.*)

3. "Tudo bem." (*Livre-arbítrio. Você diz que está tudo bem para você independentemente da decisão da pessoa. Ela pode escolher ficar ou partir. Isso afasta a possibilidade de que ela fique na defensiva ou crie confusão.*)

4. "Se está sentindo que este não é o lugar para você, quero que fique à vontade para procurar um que o deixe feliz." (*Isso põe a responsabilidade pela decisão nos ombros dela. "É pegar ou largar, você decide."*)

Toda a fala deve se desenrolar sem pausas para respirar: "Estou extremamente empolgado com o rumo que a equipe está tomando. Posso estar enganado, mas tenho a sensação de que você não está tão animado assim. Tudo bem. Se está sentindo que este *não é* o lugar para você, quero que fique à vontade para *procurar* um que o deixe feliz."

O motivo de não fazer pausas é que você não quer que a pessoa tenha a chance de interromper com algo do tipo: "Por que está dizendo isso?" ou "Quem falou isso?" ou "Você está errado... é que *esta* empresa..."

Depois peça que a pessoa tome uma decisão em 24 horas, porque, afinal, se não quer estar ali, está desperdiçando tempo. Convide-a para se reunir com você no dia seguinte e dar uma resposta. De qualquer forma, *não* permita que ela fuja de uma decisão.

Se você estiver pensando que seu chefe ou colega de trabalho precisa ouvir isso, não tem problema. Esse é o tipo de conversa que se pode ter com qualquer pessoa. O único pré-requisito é que você se importe com ela o bastante para querer ajudá-la a tomar boas decisões.

O mais espantoso disso é que 90% dos desmancha-prazeres dizem "você tem razão, eu venho agindo como um idiota" e passam a ser modelos de funcionários. Isso porque a energia que estava sendo usada para atrair os colegas para seu mar de insatisfação passa a ser usada de modo produtivo.

Quanto aos outros 10%, a partida deles alivia a equipe de uma carga, o que só faz o desempenho da empresa aumentar. Isso vale até para os casos em que a pessoa que vai embora é alguém que costumava gerar bons resultados, porque os que permanecem podem trabalhar de forma mais descontraída, preenchendo a lacuna e gerando uma performance ainda melhor.

Qualquer um de nós um dia pode precisar que alguém se disponha a nos abrir os olhos para que possamos crescer. Nada melhor que essa pessoa seja alguém que se importa conosco. Se a pessoa a dar o alerta for você, apenas se certifique de estar calmo na hora e, de forma alguma, com raiva. Saber que estamos conversando com alguém que se importa conosco faz toda a diferença.

Experimente fazer o seguinte:

- Sempre que sentir que alguém está desanimado, chame-o para uma conversa séria e diga: "Estou extremamente empolgado com o rumo que a equipe está tomando. Posso estar enganado, mas tenho a sensação de que você não está tão animado assim. Tudo bem. Se está sentindo que este não é o lugar para você, quero que fique à vontade para procurar um que o deixe feliz." Qualquer um de nós um dia pode precisar que alguém se disponha a nos abrir os olhos. Faça isso com gentileza, demonstrando que se preocupa com a pessoa. Se você estiver com raiva, controle-se primeiro. Lembre-se: o objetivo não é pressionar a pessoa, mas ajudá-la a tomar uma decisão importante.

E COMO ANDA O ROGER?

Era sábado, então não deveria haver barulho vindo do auditório. Roger enfiou a cabeça pela porta e deu uma olhada em volta. Lawrence Gaines estava lá, uma flanela em uma das mãos e um vidro de lustra-móveis na outra. Esfregava os apoios de braço das cadeiras até brilharem.

– Hoje não é seu dia de folga, Lawrence? Por que não está em casa? – disse Roger.

Lawrence tinha fama de ser o mais emburrado da empresa. Ele costumava andar pelos corredores praguejando e soltando fogo pelas ventas. Ninguém nunca o via sorrir.

Logo depois da reunião de pontapé inicial, Roger tinha acompanhado o supervisor de Lawrence na hora do "Estou extremamente empolgado com o rumo que a equipe está tomando. Posso estar enganado, mas tenho a sensação de que você não está tão animado assim. Tudo bem. Se está sentindo que este não é o lugar para você, quero que fique à vontade para procurar um que o deixe feliz".

Para surpresa de Roger, Lawrence não apenas decidira ficar, como passara a sorrir mais e, às vezes, até a comprar pãezinhos e biscoitos por conta própria para levar para o refeitório.

Agora estava rindo nervoso feito uma criança pega com a mão no pote de balas.

– Soube que vai ter uma cerimônia especial aqui amanhã para as crianças dos Jogos Paraolímpicos – respondeu, tirando os olhos da madeira que polia. – Achei que seria bom dar um toque especial na sala.

– Só tenho uma coisa a dizer – comentou Roger. – É um prazer ter este novo Lawrence na equipe.

CAPÍTULO 22

MELHOR SERIA ESTAR EM OUTRO LUGAR?

Você não tem que ir para casa, mas não dá para ficar aqui.
– Mike Blakely, "Closing Time"

Julie era a mulher das pilhas. Havia pilhas de papéis por todos os lados em seu escritório, grandes e pequenas, arquivos e artigos de revistas que ela recortava para ler depois. As pilhas eram coisas a fazer, frustrações e um lembrete de que seus projetos jamais começavam com o pé direito. Olhando para tudo aquilo, não surpreendia saber que Julie jamais cumpria os prazos de suas tarefas.

Um dia, seu chefe disse:

– Não quero saber como vai fazer isto, mas está na hora de mudar seus hábitos. Não dá para você continuar entregando tudo atrasado sempre. Toda vez que isso acontece, gera uma reação em cadeia que compromete o trabalho de todo mundo. Você fica mal e, pior, me deixa mal.

Então resolveu abandonar o trabalho e voltar a estudar.

– Vou embora da empresa dentro de um mês porque consegui uma oportunidade imperdível – disse ela, acrescentando que *sempre quisera* estudar botânica.

Você conhece histórias assim? Vejamos outras, parecidas.

Casey

Casey tinha se formado em administração e estava em um programa de *trainee* de dois anos. Tinha começado com a ambição de um candidato a presidente e deixado isso bem claro. Mas então a vida real começou a atrapalhar. O trabalho era muito mais difícil do que ele imaginara. Quando chegou a hora de sua avaliação de desempenho anual, não foi surpresa para ninguém – exceto talvez para ele – que recebesse um conceito baixo. "Suas habilidades analíticas precisam se alinhar melhor com o trabalho", escreveu seu chefe.

Algumas semanas mais tarde, Casey começou a colocar seu currículo na internet. Depois anunciou sua demissão, vangloriando-se de que havia recebido uma proposta de trabalho muito melhor.

Isso fez de Casey um vencedor? Será que ele ouviu os conselhos que recebeu ou simplesmente pegou a saída de emergência?

Andrea

Não era à toa que o apelido de Andrea no escritório era "a encrenqueira". Ela vivia brigando com os colegas e considerava todo mundo estúpido – ou grosseiro, ou pouco confiável, ou ardiloso, ou mau. A fofoca era sua ferramenta preferida e magoar as pessoas, seu hobby.

Depois de meses de confusões, ela encontrou uma forma de abandonar seu reinado de impopularidade. Andrea se demitiu, segundo ela, para "conhecer lugares exóticos, que era um sonho antigo".

Sempre chega a hora da verdade. Em algum momento, o funcionário percebe que só lhe restam duas opções: repensar suas atitudes ou sair da empresa. Em momentos decisivos como esse, é importante que os líderes tornem atraente a opção de ficar e integrar-se a uma equipe de sucesso. Já os funcionários não podem deixar de levar em conta outros aspectos relevantes, como ter um currículo que mais parece uma colcha de retalhos, perder contato com os amigos do trabalho e convencer a si próprio de que é melhor ir embora.

Não precisa ser uma escolha de vida ou morte, basta que o assunto seja abordado com jeito e cordialidade. O tato nessa hora faz toda a diferença, principalmente em se tratando de pessoas que pensam que sabem tudo – como as três dos nossos exemplos, que acabaram escolhendo a saída mais fácil e menos recompensadora.

No final, tanto a empresa quanto o funcionário têm a perder, mas a empresa tem mais chances de preencher o vazio, então pense bem antes de tomar uma decisão desse porte.

Experimente fazer o seguinte:

- Se alguém que se reporta diretamente a você está causando problemas, converse franca e abertamente com ele, dando-lhe a opção de ficar e melhorar. O mesmo vale se o encrenqueiro for você mesmo – mas vai ser preciso muita força de vontade para não ceder à negação.

- Faça com que a pessoa admita o problema e se comprometa a ajudar a encontrar uma solução.

- Se ela não se mostrar receptiva, deseje-lhe boa sorte e comece a procurar alguém disposto a contribuir com a equipe.

- Se você tentou o seu melhor, não conseguiu se adaptar e no fim optou por sair, saiba que fez a escolha certa. Apenas se certifique de realmente ter tentado ao máximo antes.

CAPÍTULO 23

FOFOCA: A FERIDA QUE NUNCA SE CURA

A fofoca não precisa ser mentira para ser prejudicial. Há muitas verdades que não deveriam ser contadas.
– Frank A. Clark

– Você viu o carro do Stanley? Alguém pegou uma chave e o arranhou todo. Será que ele andou se metendo com quem não devia?

– Vai ver que foi vingança de algum marido ciumento.

Naquela mesma tarde, Stanley, um sujeito reservado, ligeiramente acima do peso e com entradas que mostravam uma calvície progressiva, ouve o boato de que ele é o maior mulherengo da empresa. Duas colegas de trabalho o olham com desprezo e uma terceira, de forma sedutora mas igualmente incômoda. Ele volta para sua mesa e telefona para a autopeças. Raspara a lateral do carro em um muro ao sair de casa.

As pessoas continuam a olhar para ele de esguelha ou a prender o riso quando ele chega. Stanley percebe que algumas se mostram menos cooperativas que antes e se pergunta como o boato teria começado.

Não há nada mais agressivo e prejudicial em uma empresa do que a fofoca. O abalo emocional causado por ela destrói a confiança e impede que se construam relacionamentos. O dano é generalizado. Ninguém ganha nada com isso. Veja como algo tão ruim se espalha.

Ed tem um problema bobo com Terry e, numa conversa sobre outro assunto com Michelle, Jim e Donald, acaba falando nisso. Pronto.

Há sempre a hipótese de que, logo depois do comentário, Ed se dê conta do que fez, se arrependa e diga aos outros que foi apenas um comentário infeliz. Porém o mais provável é que ele nem perceba o erro.

Além disso, Michelle, Jim e Donald talvez se sintam mal por não terem cortado o assunto e, em vez disso, haverem participado da fofoca – pior: quem poderia lhes garantir que Ed também não fale deles? O próprio Ed mais tarde pode vir a pensar que os amigos não são confiáveis exatamente por terem dado ouvidos à fofoca.

No fim, Terry também percebe que algo está acontecendo e sente que não pode confiar em nenhum deles – nem em Ed, nem em Michelle, Jim ou Donald.

Para as coisas darem certo em sua empresa ou sua família, todo mundo precisa estar 100% comprometido em criar um ambiente saudável – e não há nada saudável na fofoca.

Então, a partir de agora, esqueça o passado. O que passou passou. Recomece do zero, prometendo a si mesmo *nunca mais* falar pelas costas de ninguém.

Tudo o que Ed tinha que fazer era procurar Terry e dizer: "Quando você atrasa um relatório, eu tenho que suar para justificar isso ao chefe. Por favor, prometa que, de agora em diante, vai entregar os trabalhos no prazo."

Pronto, resolvido. Simples assim.

Se alguém vier lhe contar uma fofoca, diga simplesmente: "É melhor você falar diretamente com Terry para resolverem isso de uma vez por todas." Se a pessoa insistir, repita a frase até que ela mude de assunto.

E tenha em mente que isso também vale para os chefes. Fofocar a respeito deles é uma estratégia que só serve para afastá-los.

Ninguém nasce sabendo. Então, se você errou, aprenda com o erro. Pense na seguinte regra: sendo verdade ou não, se foi dito para magoar, é fofoca, e se foi dito sabendo que poderia magoar, é fofoca.

Livre-se da fofoca no ambiente de trabalho e será muito mais fácil construir uma carreira em um lugar no qual todos se sentem bem por fazer parte da equipe.

Experimente fazer o seguinte:

- Deixe claro que sua tolerância a fofocas é zero.

- Se alguém começar a fofocar, interrompa-o e diga simplesmente: "É melhor você falar diretamente com..."

- Quando se pegar começando uma fofoca, pare e diga: "Isto não está certo. Preciso conversar com a pessoa. Desculpe por incomodá-lo com um assunto que não lhe diz respeito. Foi a última vez que isso aconteceu."

Capítulo 24

Estar sempre certo talvez signifique estar errado

A confiança não vem de acertar o tempo todo,
mas de não ter medo de errar.
– Peter T. McIntyre

Eram 5h30 da manhã quando Arthur Sanderson e sua esposa foram acordados pelo telefone. Era um assistente administrativo que trabalhava da filial da empresa de Arthur do outro lado do país.

– Desculpe se liguei cedo demais, é que o fuso horário é diferente. Estou separando a correspondência e só queria saber se você tem certeza de que quer mandar essa proposta.

– Tenho.

Arthur desligou, olhou para o relógio e resmungou: "Funcionário de salário mínimo."

Tinha acabado de pôr a cabeça no travesseiro quando o telefone tocou de novo. Era o gerente de setor, perguntando o mesmo.

– É para enviar – confirmou ele.

Estava quase pegando no sono novamente. Trimmm. Agarrou o fone, empurrou o travesseiro e rugiu:

– O que é?

Dessa vez, a ligação era do gerente regional. Ele foi mais claro: se enviassem a proposta que Arthur tinha aprovado, a empresa poderia ter um prejuízo de milhões.

– A vírgula que separa os centavos ficou no lugar errado. Não é melhor você dar uma olhada antes de enviarmos?

– Ah – disse Arthur, a voz quase um sussurro. – Vou revisar isso. Não envie por enquanto.

Arthur não era uma pessoa de temperamento explosivo ou alguém que costumava levantar a voz. Mas tinha acabado de receber uma aula de humildade.

Em uma companhia aérea de grande porte que visitei, um executivo teve um ótimo insight depois de visitar os mecânicos nos hangares e lhes perguntar o que achavam que poderia ser feito para que a empresa cortasse custos. As informações foram muito mais práticas e valiosas do que qualquer coisa em que ele e seus colegas de escritório teriam imaginado.

Em uma reunião de outra empresa, uma mulher na plateia discordou do que o gerente estava expondo. O homem, querendo envergonhá-la, pediu que explicasse melhor o que queria dizer. Mas o argumento dela era realmente bom, uma opinião que faria uma diferença enorme. No final das contas, qualquer que tenha sido o motivo, foi bom ouvi-la.

Todo mundo gosta de estar certo. Faz bem para o ego. Mas às vezes o grande erro é estar certo o tempo todo. Quando as pessoas pensam "vai ser do meu jeito ou de jeito nenhum", perdem a chance de aprender com o que os outros dizem, desperdiçam um feedback valioso.

Nunca deixe de escutar o que clientes, colegas ou até críticos têm a dizer. Quando você tiver problemas por estar sempre certo, tapar os ouvidos não vai lhe servir de nada.

A vida é um caminho de aprendizado. Se você o percorrer sem que nada chame sua atenção de vez em quando, provavelmente é porque está deixando de notar informações preciosas. Ninguém está certo o tempo todo. *Sempre* há alguma chance de você estar errado. Aja como se isso fosse possível.

Experimente fazer o seguinte:

- Faça uma lista de pessoas da sua empresa que você considere especialistas em suas áreas. Depois telefone para elas ou convide-as para almoçar e, em vez de tentar impressioná-las, aprenda com o que têm a dizer sobre o trabalho.

- Pare de se comportar como um sabe-tudo e comece a enxergar o mundo com a curiosidade de uma criança. Você vai aprender mais e fazer mais amigos.

- Observe se você está ouvindo de verdade ou só esperando pela sua chance de falar.

Capítulo 25

Conserte seus erros e restaure a confiança

Fracasso não é errar, mas permanecer no erro.
– Mary Pickford

Se você é humano, cometerá erros. Isso é certo. Perderá prazos. Não cumprirá o que prometeu. Decepcionará alguém. Com isso em mente, lembre-se de que, para ter bons relacionamentos, é essencial que você saiba consertar as coisas quando pisar na bola.

Ron, que trabalha com marketing, perdia um prazo após o outro. De repente, sua equipe inteira estava desapontada com ele e seu trabalho estava sendo feito pelos outros.

Sharon trabalha em um banco e cometeu erros em documentos de empréstimos várias vezes. Ninguém aprovava um empréstimo que passasse por ela sem antes rever todo o processo. Sharon estava na empresa há mais tempo que os outros e não entendia por que nunca conseguia uma promoção ou um aumento de salário.

Tod tem 16 anos e prometeu à mãe que cuidaria do jardim durante as férias para ajudá-la. O mato cresceu mais que as flores.

Do ponto de vista de Ron, Sharon e Tod, suas falhas não eram tão importantes. Afinal, eles faziam coisas boas também. O que eles não percebiam é que repetidamente, cada vez que não cumpriam o que haviam prometido, traíam a confiança que as pessoas tinham neles – e confiança é a base de qualquer relacionamento. E nenhum deles tentava consertar os próprios erros.

O conserto tem duas etapas essenciais: reconhecer que o resul-

tado não foi bom e se comprometer em realizar a ação corretiva. Quando Ron perdia um prazo, em vez de admitir: "Desculpem, eu me enrolei. Vou me organizar melhor para que não aconteça de novo", botava a culpa na equipe. Sharon poderia ter dito ao chefe: "Sei que cometi erros neste formulário e que isso é inaceitável. Daqui para a frente, vou verificar cada documento antes de enviá-los para aprovação. Gostaria que confiasse em mim." Tod poderia se acertar com os pais dizendo: "Também estou mal, porque quero que confiem em mim. Vou cuidar do jardim todo sábado."

Todo mundo erra. Mas as pessoas desculpam as que admitem as próprias falhas e se mostram dispostas a consertar as coisas.

Quando não fazemos isso, não perdemos apenas a confiança dos outros, mas também a autoconfiança. Cada promessa quebrada enfraquece um pouco nossa autoestima. E, em uma espiral vertiginosa, a autoestima em baixa nos faz descumprir mais e mais os tratos que fazemos.

Tudo o que as pessoas precisam ouvir para nos dar uma segunda chance é algo simples como "Errei e estou mal com isso. O que vou fazer para tentar corrigir isso é...". E também é tudo o que você precisa fazer para recuperar a confiança em si mesmo.

Experimente fazer o seguinte:

- Faça uma lista de todas as pessoas que você prejudicou por não ter cumprido o combinado. Entre em contato com cada uma delas e admita seu erro. Diga que isso o faz se sentir mal e que vai tomar providências para consertar o que fez.

- Se alguém não o perdoar ou reagir com algo do tipo "É, você estragou tudo, mas não tem problema, porque descobri o erro a tempo", saiba que, ainda assim, você fez a coisa certa. A reação dos outros não é responsabilidade sua.

EPÍLOGO

SÓ MAIS UMA COISINHA

Não deixe que o que você não pode fazer interfira no que você pode fazer.
– John Wooden

Às vezes é difícil concentrar todas as ideias nas páginas de um livro. Desenhei meu esboço, mas sei que o que fará os gerentes rirem de orelha a orelha serão os resultados nas planilhas de suas empresas após algumas semanas.

Ao final do processo, haverá um ambiente de trabalho mais motivado e mais humano, em que as pessoas estimulam umas às outras e celebram cada sucesso. A grande ideia é essencialmente simples: identifique, estimule e enfatize o que for positivo; identifique, desencoraje e descarte o que for negativo. É simples, mas não é fácil. É preciso dar a partida e fazer um acompanhamento constante.

Espero que esse processo permita que você alcance os resultados que tenho testemunhado em tantas empresas. **Quando sua equipe se compromete com a transformação, os benefícios se espalham do trabalho para casa e para os clientes. Todos prosperam.**

Quando você se descobrir ansiando por ir trabalhar e estufando o peito de orgulho ao falar do emprego, então estará em uma posição muito melhor do que talvez esteja hoje. Que você possa chegar logo a isso e que todos os dias sejam cheios de vitórias, celebrações e ótimos resultados.

POR ONDE ANDA ROGER?

Era o dia perfeito para relaxar na piscina. Ele levantou os óculos escuros e esticou o braço para pegar o copo suado e comprido na mesa. Preferia uísque, mas a *piña colada* o fazia se lembrar da maior reviravolta que já acontecera em sua vida.

– Roger? Roger Milford? É você mesmo? O que está fazendo aqui, em Cancún?

Ele olhou para cima.

– Oi, Charlie. Vai dizer que você não sabia que só exigem o passaporte para deixarem a gente entrar no país?

Charlie Singleton puxou uma cadeira.

– É uma comemoração? Ouvi dizer que seus lucros aumentaram a olhos vistos.

– Sim, é uma comemoração. Estou aqui com um grupo de funcionários que tiveram resultados excelentes este ano.

– Você veio com seus funcionários? Era a última coisa que poderia esperar de você.

– Esse era o velho Roger, o que tinha perdido o entusiasmo pelo trabalho benfeito. Trouxe minha mulher também, é a segunda lua de mel que nunca tivemos.

– Sério? Bem, suponho que não possa me contar como conseguiu uma das maiores transformações da história no setor. Se todos ficassem sabendo, você não estaria em vantagem.

– Não só posso como vou contar. Nem todos concordam com o método, mas ninguém questiona os resultados. Mas você vai ter que esperar até depois do jantar – disse Roger, já levantando. – Aí vêm meus companheiros de viagem. Prometi jogar com eles.

E então entrou na piscina para sua partida de vôlei.

Agradecimentos

Khalil Gibran disse: "O trabalho é o amor que ganha forma." Este livro tomou forma graças ao amor que recebi dos muitos professores, treinadores, líderes, consultores, parentes e amigos que me incentivaram incansavelmente.

Gostaria de começar agradecendo a meus clientes, verdadeiros líderes que apostaram na publicação de *Até que enfim é segunda!* e perceberam a oportunidade que ele representava para suas empresas e funcionários. Obrigada aos recepcionistas, gerentes, representantes de vendas e a todos que se comprometeram em levar suas equipes a se engajarem neste projeto. Não é o cargo o que faz um líder, mas sua atitude. Vocês foram líderes ao transformar suas empresas e merecem ser chamados assim.

O limite entre ser cliente e ser amigo já não é claro – e acredito que é dessa forma que deve ser. Hoje minha lista de clientes amigos é longa, mas há alguns que eu não poderia deixar de mencionar neste livro, pois dedicaram seu tempo à leitura dele, dando ideias e incentivando sua publicação. Foram eles que me pediram que escrevesse esta obra, disponibilizando uma ferramenta para seus clientes se tornarem mais bem-sucedidos. Meus agradecimentos especiais vão para Archie McDonnell Jr., J. J. Blake, David Barr, Dale Hopper, Patti Steele, Chad Hoffman, Mark Abate, Pete Morrison e Mike Hannley, que foram uma verdadeira equipe de apoio.

Stewart Emery ficou radiante ao saber deste projeto. Agradeço imensamente por seu empenho em me pôr em contato com a editora.

Obrigada também à equipe editorial da Pearson que ajudou a tornar este livro realidade: Russ Tall, Tim Moore, Amy Neidlinger, Megan Colvin, Chelsey Marti e Gloria Schurick.

Muitos amigos e colegas queridos foram minha inspiração e meus mestres – são tantos que seria impossível citar todos. Agradeço especialmente aos que, de alguma forma, ajudaram a tornar este livro realidade por meio de seus conselhos e leituras, compartilhando seu trabalho e brilhantismo: Ford Saeks, Stephanie Wolf, Pete Bissonette, Mary Marcdante, Sam Horn, C. Leslie Charles, Dianna Booher, Greg Link, Dan Janal, Joan Emery, Bobbie DePorter, David Garfinkel, Dale McGowen, Joyce Belle, David Lieber, Mark Mayfield e Marci Shimoff.

Agradeço à equipe do The Emmerich Group e a nossos colaboradores. Vocês deram o melhor de si, trabalhando com incrível perspicácia. Agradeço de coração por seu comprometimento em transformar vidas e empresas. Vocês foram o vento que me permitiu alçar voo.

Agradeço à minha mãe e ao meu pai, que faleceu recentemente. Vocês me ensinaram a cuidar dos outros com amor. Isso, descobri depois, é mais importante do que tudo.

Agradeço especialmente aos meus filhos. Apesar de às vezes termos ficado separados por causa de minhas viagens, aproveitamos todo o tempo que tivemos juntos com a alegria e o amor que nos permite viver plenamente. Obrigada por compartilharem seu mundo comigo e por me permitirem ser sua fã número um (mesmo) no futebol, no beisebol, no caratê, na natação, nas apresentações do coral, nos shows da banda e nos concursos de rap. Vocês transformaram a maternidade na experiência mais empolgante e maravilhosa possível. Obrigada, Brandon, Casey, Steph e Spencer e meus filhos postiços de intercâmbio, Michael, Jon e Hiroya. A energia de vocês recarrega minhas baterias.

E não posso esquecer meu marido, David, que me enche de amor. Você me fez cair na gargalhada quando nos conhecemos e vem me fazendo rir incansavelmente todos os dias desde então – meu caminho é muito mais divertido com você.

CONHEÇA OS CLÁSSICOS DA EDITORA SEXTANTE

1.000 lugares para conhecer antes de morrer, de Patricia Schultz

A História – A Bíblia contada como uma só história do começo ao fim, de The Zondervan Corporation

A última grande lição, de Mitch Albom

Conversando com os espíritos e *Espíritos entre nós,* de James Van Praagh

Desvendando os segredos da linguagem corporal e *Por que os homens fazem sexo e as mulheres fazem amor?,* de Allan e Barbara Pease

Enquanto o amor não vem, de Iyanla Vanzant

Faça o que tem de ser feito, de Bob Nelson

Fora de série – Outliers, de Malcolm Gladwell

Jesus, o maior psicólogo que já existiu, de Mark W. Baker

Mantenha o seu cérebro vivo, de Laurence Katz e Manning Rubin

Mil dias em Veneza, de Marlena de Blasi

Muitas vidas, muitos mestres, de Brian Weiss

Não tenha medo de ser chefe, de Bruce Tulgan

Nunca desista de seus sonhos e *Pais brilhantes, professores fascinantes,* de Augusto Cury

O monge e o executivo, de James C. Hunter

O poder do Agora, de Eckhart Tolle

O que toda mulher inteligente deve saber, de Steven Carter e Julia Sokol

Os segredos da mente milionária, de Harv T. Ecker

Por que os homens amam as mulheres poderosas?, de Sherry Argov

Salomão, o homem mais rico que já existiu, de Steven K. Scott

Transformando suor em ouro, de Bernardinho

INFORMAÇÕES SOBRE OS PRÓXIMOS LANÇAMENTOS

Para receber informações sobre os lançamentos da EDITORA SEXTANTE, basta cadastrar-se diretamente no site www.sextante.com.br

Para saber mais sobre nossos títulos e autores e enviar seus comentários sobre este livro, visite o site www.sextante.com.br ou mande um e-mail para atendimento@esextante.com.br

EDITORA SEXTANTE
Rua Voluntários da Pátria, 45 / 1.404 – Botafogo
22270-000 – Rio de Janeiro – RJ
Telefone: (21) 2538-4100 – Fax: (21) 2286-9244
E-mail: atendimento@esextante.com.br